付録CD ヨーゼフ・ラスカの音楽

増補版

ヨーゼフ・ラスカと宝塚交響楽団

根岸一美 著

HANDAI Livre 038 大阪大学出版会

目次

プロローグ　ラスカとの出会い

本書を手にとっていただいた方々でも、ラスカの名前をご存知の方はたいそう少ないのではないだろうか。彼は戦前の関西に十二年間滞在していたオーストリア出身の指揮者・作曲家で、宝塚音楽歌劇学校（現・宝塚音楽学校）の教授を務めるかたわら、宝塚少女歌劇のオーケストラの団員たちからなる宝塚交響楽団を指揮し、ブルックナーの交響曲をはじめ、数多くの管弦楽作品を関西の聴衆に紹介していった。また神戸女学院の音楽部の教員としても活躍し、教育界にも多大な影響を及ぼしたのである。しかし一九三五（昭和十）年の秋に離日を余儀なくされた後に、日本を再び訪れることはなく、やがて忘れられていった。そうした人物に筆者がどのように出会ったのかについて、まず記させていただこう。

一九九一年九月、私はオーストリアのオーバーエスターライヒ州の州都であるリンツを初めて訪ね、ドナウ河畔のブルックナー・ハウスで開かれた「ブルックナー・シンポジウム」に参加した。

日本における
アントン・ブルックナーの交響曲
全演奏記録

■ ブルックナーの交響曲の日本初演記録
■ 日本のオーケストラによるブルックナーの交響曲演奏記録
1）曲目別
2）楽団別
3）指揮者別
■ 来日オーケストラによるブルックナーの交響曲演奏記録

編集：小野寺昭爾
校閲：小川昂

発行：日本ブルックナー協会

『日本におけるアントン・ブルックナーの交響曲　全演奏記録』

この年のテーマは「ブルックナー受容」というもので、主催のリンツ・アントン・ブルックナー研究所からは「アジアにおけるブルックナー音楽の受容」について話すことを求められていたのだが、依頼を受けたのはわずか半年前の三月のことで、とても時間が足りず、「日本の場合」という限定付きで発表させてもらった。

　この報告のための準備作業のなかで私はさまざまな資料を入手していったが、その一つに『日本におけるアントン・ブルックナーの交響曲　全演奏記録』と題された冊子があった。大阪フィルハーモニー交響楽団の事務局長（当時）の小野寺昭爾氏によって編集されたもので、一九七九年五月までの演奏記録である。そこには「ブルックナーの交響曲の日本初演記録」という折り込みのページがあり、「交響曲第1番、宝塚交響楽協会、ヨーゼフ・ラスカ、1933・11・22、兵庫宝塚大劇場、#100定期」、「テ・デウム、宝塚交響楽協会、ヨーゼフ・ラスカ、1935・1・26、大阪朝日会館、アサヒ・コーラス#2定期」という二つの項目が記されていた。これが私にとって「ラスカ」そして「宝塚交響楽団」との最初の出会いとなったのである。しかし私は情報の裏付けをとりたいと思い、まずは宝塚歌劇団に問い合わせたが、「宝塚」に関する昔の資料は阪急学園池田文庫（現・公益財団法人阪急文化財団池田文庫）にあるとのことだった。

池田文庫は阪急電車の宝塚線池田駅を下車し、五月山に向かう途中にある瀟洒なたたずまいの図書館である。そしてその右斜め上方に登っていくと阪急の創業者である小林一三の住居を改造した逸翁美術館がある。出していただいた数多くの資料のなかに「宝塚シンフォニー資料　大12～昭7」と「宝塚シンフォニー資料　昭8～昭17」があり、それぞれビニール製の六十袋からなるA4判のファイルで、一九二三（大正十二）年八月十九日の「宝塚音楽研究会」から一九四二（昭和十七）年三月十四日の「第二二九回宝塚交響楽大演奏会」までのプログラム等が収録されていた。見てゆくと、交響曲第一番と《テ・デウム》については、前述の『記録』におけるデータを確認できたが、それ以外に交響曲第四番「ロマンティック」についても、一九三一年四月二十四日に開かれた第七五回定期演奏会で、ラスカの指揮により演奏されたことがわかった。それまでこの曲の日本初演は、近衛秀麿の指揮により、新交響楽団（NHK交響楽団の前身）によって同年五月二十七日に行われたとされていたのだが、宝塚交響楽団による演奏は新響よりも三十三日早く行われていたことになる。これはちょっとした「発見」であった。

ブルックナー・シンポジウムでの発表の内容は、三年後の一九九四年に出版された報告書に掲載された。また、その頃渡辺裕さん（当時・大阪大学助教授、現・東京大学教授）とともに執筆を進めて

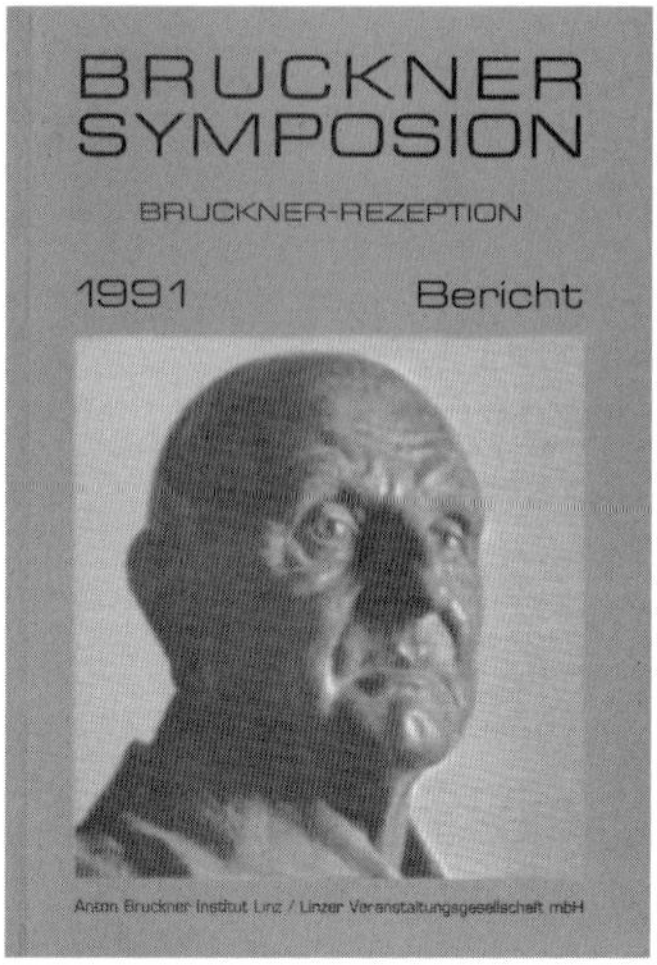

『ブルックナー・シンポジウム 1991 報告書』

いた『ブルックナー／マーラー事典』（一九九三年、東京書籍）にも、この調査の成果を反映させることができた。なお、このシンポジウムには間に合わなかったアジアにおけるブルックナー受容については、その後、韓国や中国、香港、マカオなどのオーケストラに郵便を送ってデータの提供を依頼し、これらの国々や都市でのブルックナー演奏はごくわずかしか行われていないことを知るとともに、それらの情報を一九九六年のブルックナー没後百年にあわせて出版された『アントン・ブルックナー・ハンドブック』（*Anton Bruckner Ein Handbuch*）という辞典スタイルの書物のなかで公にすることができた。

こうして「ブルックナー受容」という課題についてはとりあえず一段落したのだが、私はこの仕事を通じて出会った「ラスカ」、そして「宝塚交響楽団」について、さらに知りたくなった。そして一九九八年、大阪大学に転任したことをきっかけに、改めて取り組むことになった。

大阪大学の大学院文学研究科ではキャンパスの地名を冠した『待兼山論叢』という研究紀要が毎

年発行されている。着任早々、私は投稿を促され、「宝塚」と「ラスカ」について書くことにしたが、これは四年ほど前から抱えていた「課題」を実現する機会ともなった。

実は一九九一年のシンポジウムのために池田文庫の資料を利用したことから、同館の『館報　池田文庫』に「宝塚交響楽協会の活動に関する未整理資料について」と題する論文を寄稿していた（第七号：一九九五年四月、第八号：同十月）。そしてその最後に「演奏者と演奏曲目という基本データは何としても掘り起こしたく、…さらにラスカの活動に関して、指揮者としての仕事以外に、作曲家としての創作活動について調べることも課題と言えよう」と記していたのである。

そこでまず取り組んだのは、宝塚交響楽団の定期演奏会の記録を作成することだった。

次に、ラスカの作品の楽譜を探すことになった。彼が作曲家として多くの作品を書いていたことについては、ブルックナー・シンポジウムの際に訪ねたリンツの新市庁舎で彼に関する新聞記事などのコピーを得たことからある程度知っていたのであるが、楽譜の現物を見たことは一度もなかった。池田文庫にも、さらに宝塚歌劇団にも問い合わせてみたが、ラスカの作品の楽譜は見あたらないとの返事だった。

そこで、もう一つの可能性として浮かんできたのが神戸女学院である。それまでの調査で、ラスカが宝塚の他に、神戸女学院においても音楽部の教員として勤めていたことを知るに至ったので、電話でお尋ねしてみた。最初は、なさそうとのお返事だったが、ほどなく学院史料室の若山晴子先生から、「ありましたよ！」とのお電話があり、夏休みに入ってから訪ねたところ、古い紙袋の中に、青焼きコピーなどの楽譜資料が十数点、収められているのを見ることができた。私にとって、まさに宝物の「発見」である。

これらの楽譜資料の主な曲目は、ピアノのための《日本の絵》、フルートとピアノのための《組曲　奈良》、日本の民謡やお座敷歌をピアノ用に編曲した《日本の旋律》、声楽曲の《日本俳句及短歌十首》など、十数点である。

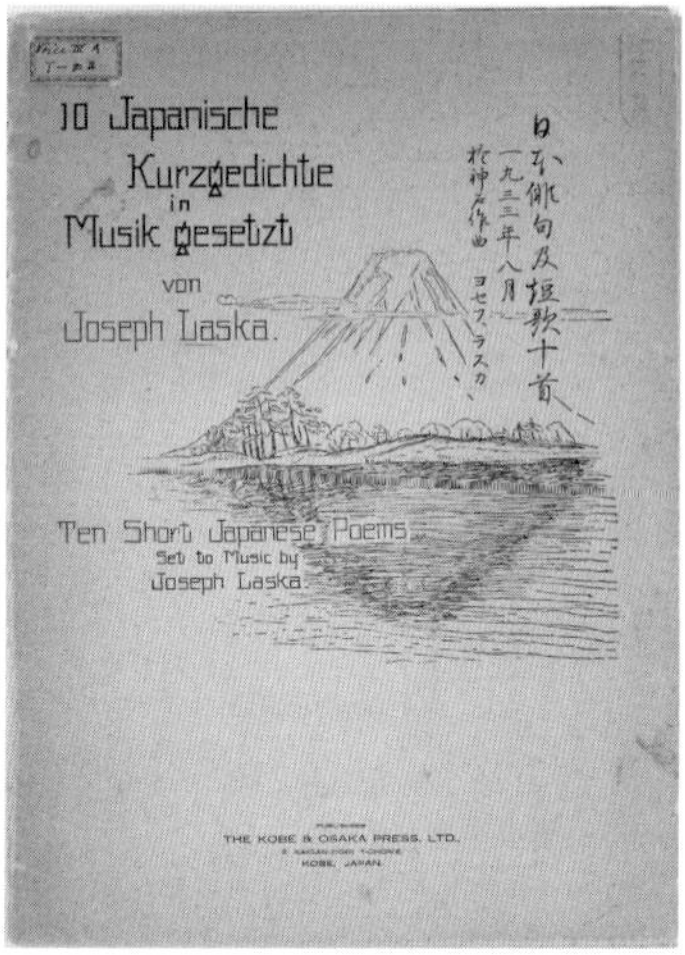

《日本俳句及短歌十首》出版譜表紙
（神戸女学院大学図書館蔵）

私はこれらの楽譜を見たり、ピアノで探ったりしていくうちに、ぜひ実際の音にしたいと思うようになった。そこで以前に勤めていた大阪教育大学の大学院修了生の音楽家たちに依頼し、演奏に取り組んでもらった。そして、一九九八年十二月十二日に神戸女学院大学音楽館ホールで開かれた日本音楽学会関西支部の例会において、レクチャー・コンサートのようなかたちで公にすることができた。

こうして私は宝塚交響楽団の活動の歴史と神戸女学院所蔵の資料によるかぎりでのラスカ作品のあらましを盛り込んだ形で、当初の予定通り原稿を書き上げた（『待兼山論叢』（第三二号美学篇）「ヨーゼフ・ラスカ（一八八六〜一九六四）と宝塚交響楽団」）。

しかし、この論文では、宝塚交響楽団の定期演奏会について、開催年月日、累次番号（第何回かを示す数字）、開催場所等を示すにとどまり、オーケストラとともに出演した独奏者や独唱者、曲目などについては、掲げるための紙幅がなかった。そこで、その後も調査の仕事を進め、一九九九年八月に大阪大学の研究費により、『宝塚交響楽団定期演奏会記録　一九二六年（大正十五）九月十八日〜一九四二年（昭和十七）三月十四日』を公にすることができた（本書２４６頁参照）。

ところで、『論叢』の執筆がほぼ完成に近づいていた頃に、私はイレーネ・ズーヒさんによる「一八七二年から一九四五年までの日本におけるドイツの音楽家たちの諸作品」と題する英語の論文があることを知った。これは一九九〇年に大阪で開かれた国際音楽学会シンポジウムの報告書に所収の論文であり、そこにはラスカの作品がいくつか取り上げられ、それらの自筆譜が所蔵されている場所として、ウィーンのオーストリア国立図書館音楽部門とリンツのブルックナー音楽院（現・アントン・ブルックナー私立大学）が挙げられていた。そこで一九九九年秋、私はこれらの図書館を訪ねることにした。

ヨーゼフ・ライティンガー＝ラスカ氏
（1999年9月筆者撮影）

最初にオーストリア国立図書館音楽部門を訪ねた。閲覧を進めていくうちに当然のことながらコピーをとりたいものが多数出てきたが、担当者の話では著作権者の承諾が必要とのこと。そこでさらに、その著作権者について尋ねたところ、記された名前にLaskaという文字が含まれており、しかも住所はウィーン市内であることもわかった。これなら直接訪ねるのが早い、と私はにわかに思い立った。目的のアドレスはリングから少し西側に出たところにあるヘルマンガッセ三三番である。

着いてみると、そこは旅行会社のオフィスだった。著作権継承者はヨーゼフ・ライティンガー＝ラスカというお名前で、この会社の社長さんである。彼は突然の来訪者を、驚きながらも歓迎し、そして、オーストリアの各図書館に所蔵のラスカ資料のコピーや写真撮影について、著作権継承者として承諾する、という意味の証明書を書いてくれた。彼はほかならぬラスカの息子さんで、妻のイルゼさんとともに会社を経営していたのである。ライティンガー＝ラスカという二重ネームについては後に記すことにしよう。

こうして私は図書館に戻り、コピーを依頼することができた。さらに、リンツのブルックナー音楽院では、図書館長のレーオ・ドルナー博士の協力を頂き、時間の許す限り、コピー室で、準備された全部の楽譜資料からマイペースで作業を進めることができた。

ウィーンでは、楽譜資料の他に、ラスカの生涯を知る上でとりわけ重要な記録も入手することができた。ラスカが亡くなったのは一九六四年十一月十四日であったのだが、その翌月に妻エレンが記した「音楽のために生きた人生！　少し前に亡くなった私の夫、ヨーゼフ・ラスカの生涯についての覚え書き」である。十七枚の用紙にペンで書かれた彼女の文字は判読にはずいぶん時間がかかることになったが、その内容は次章から紹介しよう。

オーストリアへは次の年にも行くことになり、以上の二つの図書館のほかにウィーン市立州立図書館（現・市庁舎内ウィーン図書館。以下「ウィーン図書館」と表記）の音楽部門も訪ね、《万葉集歌曲》の自筆譜などもコピーすることができた。そ

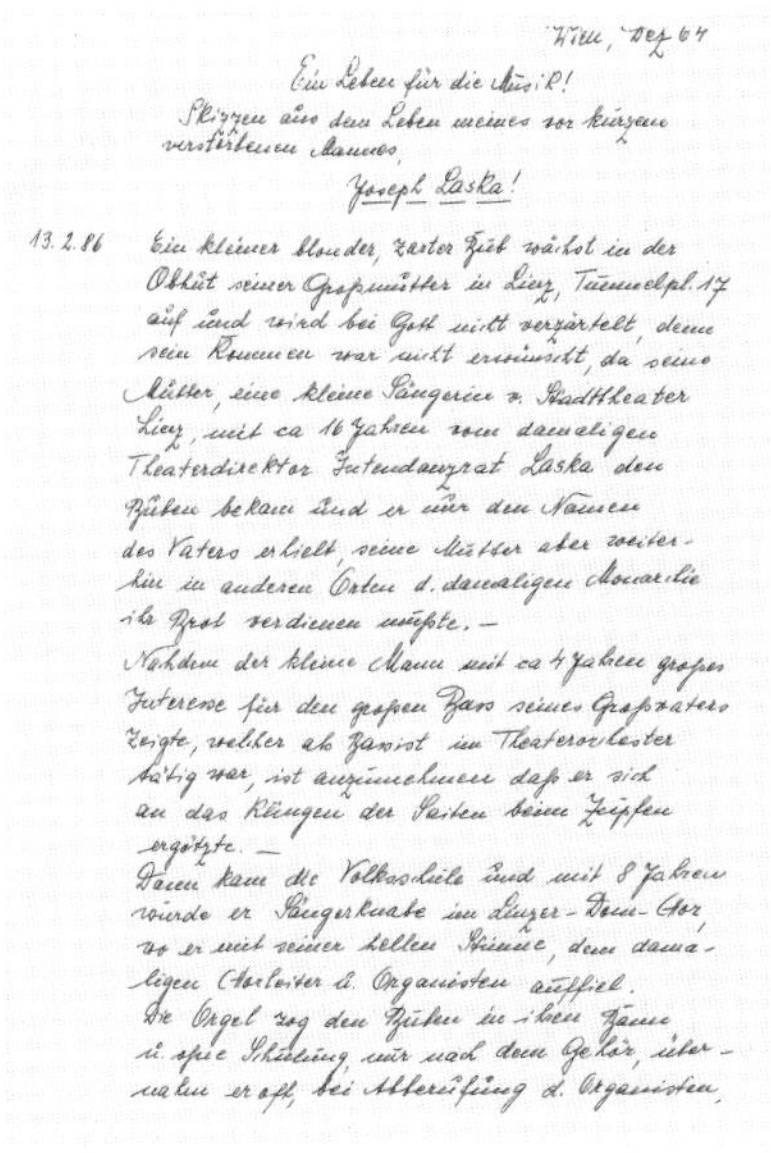
Wien, Dez. 64
Ein Leben für die Musik!
Skizzen aus dem Leben meines vor kurzem verstorbenen Mannes,
Joseph Laska!
13.2.86 Ein kleiner blonder, zarter Bub wächst in der
Obhut seiner Großmutter in Linz, Tummelpl. 17
auf und wird bei Gott nicht verzärtelt, denn
sein Kommen war nicht erwünscht, da seine
Mutter, eine kleine Sängerin v. Stadttheater
Linz, mit ca 16 Jahren vom damaligen
Theaterdirektor Intendanzrat Laska den
Buben bekam und er nur den Namen
des Vaters erhielt, seine Mutter aber weiter-
hin in anderen Orten d. damaligen Monarchie
ihr Brot verdienen mußte. —
Nachdem der kleine Mann mit ca 4 Jahren großes
Interesse für den großen Baß seines Großvaters
zeigte, welcher als Bassist im Theaterorchester
tätig war, ist anzunehmen daß er sich
an das Klingen der Saiten beim Zupfen
ergötzte. —
Dann kam die Volksschule und mit 8 Jahren
wurde er Sängerknabe im Linzer-Dom-Chor,
wo er mit seiner hellen Stimme, dem dama-
ligen Chorleiter u. Organisten auffiel.
Die Orgel zog den Buben in ihren Bann
u. ohne Schulung nur nach dem Gehör, über-
nahm er oft, bei Abberufung d. Organisten,

エレンによる手記
（オーストリア国立図書館音楽部門蔵）

して二〇〇一年からも、科学研究費補助金等により、毎年のようにオーストリアを訪ねる機会を得ていった。

第一章　ラスカの生い立ちから来日まで

誕生

ヨーゼフ・ラスカが生まれたのは、一八八六年二月十三日であった。エレンの手記（9頁写真）はこう書き始められている。

金髪の小柄でやさしい少年がリンツのトゥメルプラッツ十七番の家で、祖母の保護のもとに成長していった。彼はけっして甘やかされて育てられた人ではなかった。というのも彼の誕生は望まれていたものではなく、リンツ劇場の歌い手であった彼の母親がおよそ十六歳のときに、当時の劇場監督で演出監督であったラスカによって身ごもったことによるもので、子供は父親からはただ名前だけを受け取ったにすぎないのだから。母親は、その後、当時の帝国内のいくつかの場所でパンを買うためのお金をかせいでいかなければならなかった。

リンツはブルックナーが一八五六年から一八六八年まで、オルガン奏者として、また男声合唱団「フロージン」の指揮者として過ごした町である。ラスカが生まれた時のブルックナーは六十一歳で、ウィーンで交響曲第八番の作曲（初稿）の仕事に取り組んでいる頃であった。またラスカが生まれたおよそ四ヶ月後の（明治十九年）六月九日に、後に彼といくらかの関わりを持つことになる山田耕筰が生まれている。

手記にあるトゥメルプラッツはリンツの中央駅から二キロほど北に進んだ所で、ドナウ河の手前のやや高台に位置している。近くには父親ユーリウス・ラスカが勤めていたリンツ劇場がある。ここで一八六三年二月十三日、ブルックナーの管弦楽法と楽式論の師であったオットー・キツラーがワーグナーの《タンホイザー》のリンツ初演を指揮したのであった。またこの機会にブルックナーは、師と共に、このオペラのスコアを学び、やがてワーグナーを神のように敬うようになってゆく。ちなみに、上述したように二月十三日という日はラスカが生まれた日であり、さらに一八八三年、ワーグナーがヴェネツィアで生涯を閉じる日ともなった。偶然ながら面白い符合と言えよう。

父親のユーリウス・ラスカについては『オーストリア伝記辞典　一八一五－一九五〇』（一九七〇年）に項目が挙げられている。それによると彼は一八五〇年一月二十八日にリンツに生まれ、櫛造りの職人（次に挙げる『通信』によれば、椅子張り職人）になるための訓練を受けたが、劇場に入り、十五歳のときから俳優としていろいろな劇場に出演するようになった。一八八〇年には若手の「喜劇性格俳優」としてハンブルクの劇場に採用され、翌年にはロシアのサンクトペテルブルクの宮廷劇場に首席の「喜劇性格俳優」ならびに演出家として採用された。そして八二年、リンツの州立劇場に俳優、歌手、そして演出家として雇われた。その四年後に息子のヨーゼフが生まれたわけである。ユーリウスは八八年には自費でこの劇場に電気照明を取り付けている。発明王エディソンによる白熱灯の改良が一八七九年、そして翌年にはブロードウェイ全域でアーク灯照明が導入されたというから、ユーリウスもさっそく科学技術の恩恵を劇場に持ち込んだと言えるかと思う。一八九一年以降はリンツを離れ、マリーエンバート（現在はチェコのマリアンスケ・ラーズニェ）、インスブルック、レーゲンスブルクなど、ヨーロッパ各地の劇場で監督や演出を歴任し、一九三三年八月二十四日に死去した。

ラスカの父ユーリウス・ラスカ

さらに、この記事に加えて、ライティンガー＝ラス

ラスカの母
ローザ・ライティンガー

カさんから頂いた『マリーエンバート・テプラー郷土通信』第三〇号（一九五一年三月）の「劇場監督ユーリウス・ラスカ」と題された追憶の記事を見てみると、ユーリウスは第一次世界大戦が勃発したときには、すでに六十一歳であったが、第八十四歩兵連隊に下士官として入隊し、終戦後の一九一九年、故郷に戻り、隠退した。五十一年間（一八六八〜一九一九）の劇場生活のうち、三十六年間、監督を務め、大きな成功を収めた、と記されている。

他方、ラスカの母親の名前は、エレンの「覚え書き」には記されておらず、メールでライティンガー＝ラスカさんにお尋ねしたところ、ローザという名前で、姓はライティンガーとの返事だった。なるほど、息子さんの姓は祖父方と祖母方の双方から成り立っていることになる。では、ラスカ自身の姓は？　これについてはもう少し後に記そう。

少年期

それから彼は国民学校に入学し、八歳のときにリンツ大聖堂聖歌隊の合唱児童となった。彼はその明るく澄んだ声で当時の合唱指揮者やオルガニストから注目された。少年はオルガンに魅了され、レッスンも受けていないのに、耳だけにたよって曲を覚えた。そしてオルガニストが不在のときには、オルガンでの即興演奏を担当した。後にも彼は即興演奏を好んで行い、ピアノでも即興演奏をしたり、またオルガンを弾きながら自分のキリスト十字架像に向かって語ったりしたものだった。

リンツには現在、二つの大聖堂があるが、新しいほうはブルックナーがリンツにいた一八五〇年代に工事が始まったものの、完成したのは二十世紀に入ってからであったから、ここに記されているのは旧大聖堂のほうである。市の中心部にあるこのいかめしい建物はブルックナーがオルガン奏者を務めていた場所でもあり、後にラスカがブルックナーの作品の演奏に力を入れることになった素地はここでの活動を通じて与えられたと言ってよいだろう。

時が経ち、少年は十一歳になった。そんなある日、劇場監督であったパパが初めて息子の前に姿を現した。それは息子の姿を見たいという好奇心からであったのか、それとも良心が彼を駆り立てたのだろうか？　とにかく、彼はやって来て、この日のためにしっかりと髪を整えられた少年をじっと見つめ、こう尋ねた。〈さあ、息子よ、わしはお前がオルガンを弾けると聞いたのだが、いったい何になるつもりなのかね？〉〈伝道師です、お父さん！〉と、少年はどもりながら答えた。それから彼は自分の小さな祭壇を見せて、司祭の真似をしてみせた。父親はそれを見てたいそう喜んだ。〈ようし、わかった、それなら大学で勉強しなくてはならないな。そしてそのためには、まずはギムナジウムに行かないと…〉〈喜んで！〉と少年は答えた。そして数日後、学校に行って、試験を受ける手続きをした。祖母は素朴な女性で、こうしたことにはまったく関心がなく、少年はすべて自分一人で準備しなければならなかった。そうしたことで、試験はもちろん失敗した。一年後に彼はもういちど受験し、今度は合格して、リンツのプレティーヌムに入学した。しかし、彼はそのやさしい性格のゆえに、この学校での生活に耐えることができず、父親に四年が終わったらここから出してほしいと思いを打ち明けた。その後の上級のギムナジウムとしては、美しいクレムスミュンスター修道院［の学校］が選ばれた。彼がそこの学校を卒業したのはおよそ二十歳の頃だった。

ライティンガー＝ラスカさんにメールで尋ねたところ、プレティーヌムというのは校則が厳しいことで有名だったという。クレムスミュンスターの修道院はブルックナーの宗教的声楽作品である《テ・デウム》の初期の原稿などが残されている場所でもあり、筆者も昔ドイツのハイデルベルクにいた頃に中古の AUDI80 を走らせて訪ねていったことがある。

のどかな田園地帯にあるこの修道院の学校で学んでいたころのラスカは、やがて、伝道師ではなく、音楽家を目指すようになっていた。そして一九〇六年から一年間、リンツの第五十九歩兵連隊において訓練を受けた後に、一九〇七年、二十一歳のときに、ミュンヘンの王立音楽院に入学したのである。

音楽院に学ぶ

この学校は一八三〇年に設けられた中央声楽学校を前身として発足し、四六年にオデオン座の建物内にて開校した。六七年からは、リヒャルト・ワーグナーが提出した建白書をうけて、バイエルン国王ルートヴィヒ二世からの私的な助成を受けるようになり、七四年にはバイエルン王国の公的な教育機関となった。ドイツが第一次世界大戦に敗戦したのち、校名は「王立音楽院」から「国立音楽院」に替わった。第二次世界大戦中の一九四四年には、建物が空襲で壊され、活動の停止を余儀なくされたが、戦後の一時期に別の場所で再開した後に、五七年、現在のアルツィス通り十二番の建物に移った。校名は九八年から「ミュンヘン音楽演劇大学」に改められている。

二〇〇一年三月、私はこの大学を訪ねた。新旧のピナコテーク（美術館）にも近い所に位置するこの建物は、もとはナチスの本部が置かれていた場所で、黒っぽくがっしりして、いかめしい雰囲気がただよっている。図書館長のアンドレーア・ワーグナー女史には予めメールを送り、ラスカについての情報を求めていた。「それらしい人物の名前は見あたらないようです」というのが彼女の返信だったのだが、にもかかわらず、私はあえて訪問し、さっそく書架の高いところに置かれていた音楽院の当時の年報を、一冊一冊、閲覧させていただいた。

エレンの「覚え書き」によれば、ラスカはここに二年間在学していた。ということで、その時期の一九〇七／〇八年の第三四号と一九〇八／〇九年の第三五号を、また前後のいくつかの号もめくってみた。いずれの号にも、教師陣の名簿に加えて在学生の名前の一覧が記されているのだが、たしかにLaska の文字はどこにも見あたらなかった。しかし、よく見ると、第三四号にも第三五号にも、Reitinger Joseph という氏名が印刷されている。ライティンガーというのはすでに述べたようにラスカの母方の姓であるし、出生地もリンツと記載されている。したがってこのライティンガー・ヨーゼフこそ、ラスカなのだ、と判断することができた。しかし、それでは何故、Laska という表記が用いられなかったのだろう?

これも息子さんから聞いたのだが、ラスカという姓は、チェコ語で「愛」の意味があり、ユダヤ人に多いらしい。息子さんの説明によれば、父親はユダヤ人ではないのだが、ナチスの台頭しつつあった時代にあって、とりわけその拠点というべきミュンヘンにおいては表に出さないほうが無難との判断がはたらいたのではないか、ということだった。しかし、おそらくその頃に記されたと見られる彼の音楽帳（ウィーン図書館蔵）には、いくつかの個所にReitinger-Laskaとの署名が見られるので、事態は簡単ではない。どうやらこの複合ネームが本名で、音楽院にはReitingerで登録していたが、やはり自分は父親の姓でいこう、ということになったのが真相ではないかと筆者は考えている。

Reitinger-Laskaの自署の入った学生時代の楽譜
（ウィーン図書館音楽部門蔵）

　ともあれ、年報によれば、ラスカはまず、第一学年（一九〇七／〇八年）で作曲法を主専攻とし、メルヒオル・エルンスト・ザックスの指導を受けた。第二学年（一九〇八／〇九年）では作曲法とピアノを主専攻とし、それぞれフリードリヒ・クローゼとベルトホルト・ケラーマンから指導を受けた。

　クローゼはウィーン音楽院におけるブルックナーの弟子で、『ブルックナーのもとでの勉学時代　回想と考察』という著作（一九二七年）を残している。また学院長のフェーリクス・モットルもブルックナーが音楽院で教えた人物で、一八八五年五月にはブルックナーの交響曲第七番のアダージョ楽章の演奏をカールスルーエで指揮し

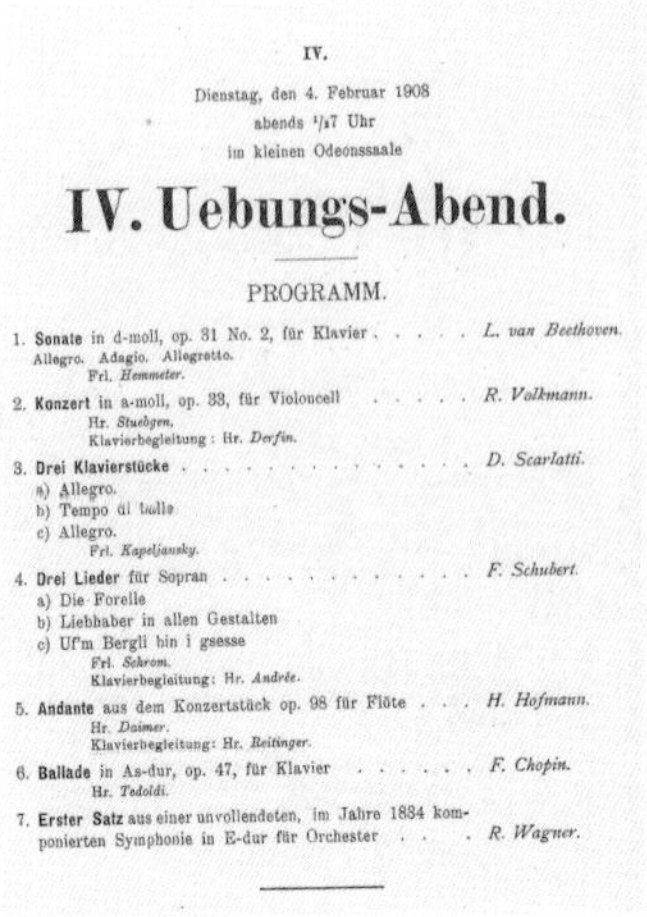

IV.

Dienstag, den 4. Februar 1908
abends ½7 Uhr
im kleinen Odeonssaale

IV. Uebungs-Abend.

PROGRAMM.

1. **Sonate** in d-moll, op. 31 No. 2, für Klavier . . . . . *L. van Beethoven.*
Allegro. Adagio. Allegretto.
Frl. *Hemmeter.*
2. **Konzert** in a-moll, op. 33, für Violoncell . . . . . *R. Volkmann.*
Hr. *Stuebgen.*
Klavierbegleitung: Hr. *Derfin.*
3. **Drei Klavierstücke** . . . . *D. Scarlatti.*
a) Allegro.
b) Tempo di ballo
c) Allegro.
Frl. *Kapeljausky.*
4. **Drei Lieder** für Sopran . . . . *F. Schubert.*
a) Die Forelle
b) Liebhaber in allen Gestalten
c) Uf'm Bergli bin i gsesse
Frl. *Schrom.*
Klavierbegleitung: Hr. *Andrée.*
5. **Andante** aus dem Konzertstück op. 98 für Flöte . . . *H. Hofmann.*
Hr. *Daimer.*
Klavierbegleitung: Hr. *Beitinger.*
6. **Ballade** in As-dur, op. 47, für Klavier . . . . . . *F. Chopin.*
Hr. *Todoldi.*
7. **Erster Satz** aus einer unvollendeten, im Jahre 1884 komponierten Symphonie in E-dur für Orchester . . . *R. Wagner.*

ミュンヘン音楽院年報1907／08に掲載の「実習の夕べ」プログラム。ラスカは5番目に出演。
（ミュンヘン音楽演劇大学図書館蔵）

ている。また翌年四月には、ピアノ伴奏の形ではあったが、《テ・デウム》の同市初演を指揮している。したがってラスカはいわば二つのルートからブルックナーの孫弟子となったことになる。

ラスカが音楽院でどのような授業を受けたかは、筆者の研究ではまだ不明のままであるが、年報には、彼がオデオンの小ホールにおける「実習の夕べ」に出演したこと、第一学年のときにはハインリヒ・ホーフマンのフルート協奏曲作品九八のアンダンテを「ダイマー君」のフルートとともにピアノで演奏し、第二学年ではフランツ・リストのホ短調の《悲愴協奏曲》を「ハンス・ハーガー君」と二台のピアノの形で演奏したことが記されている。おそらくは教師たちにより選抜されての出演であろう。この「実習の夕べ」は、数えてみると、一九〇七／八年度においては九回、一九〇八／九年度においては十二回開かれていたことがわかる。他方、オデオンの大ホールにおいては「コンサート」も開かれ、ラスカが在籍していた二年間に、各年度四回行われていた。これら二種類の演奏会は、曲目を見ると、基本的には編成の規模の違いによるものと思われ、出演者はいずれも学生たちであった。

なお、この二ケ年の年報に記録されたこれらの学内演奏会のうち、作品が演奏された回数が四回以上となっている作曲家を上位から挙げてみると、ベートーヴェン（18）、バッハ（15）、モーツァルト（14）、ブラームス（14）、ハイドン（11）、シューマン（11）、シューベルト（9）、リスト（9）、ショパン（8）、メンデルスゾーン＝バルトルディ（6）、レーガー（6）、ワーグナー（4）、コルネーリウス（4）、ラインベルガー（4）となっている（括弧内の数字は演奏の延べ回数。一つのステージで複数の曲が演奏された場合は1回と数えたが、同一演奏会においても異なるステージにおいて取り上げられた場合は加算した）。ドイツ人作曲家の作品が圧倒的に多いのは当然とも言えるが、地元ミュンヘン出身で当時はベルリンで活躍していたリヒャルト・シュトラウスの曲が皆無であったのは、少々意外に思われる。それについては、彼の大胆な作風や巨大なオーケストレーションなどが、院長モットルをはじめ、教師たちから敬遠されていたことなどが考えられるが、もちろん二年間のデータだけで軽々に論じることはできないだろう。

なお年報には、ミュンヘンの王立首都劇場を会場として、音楽院の学生たちによるオペラの部分上演が行われた記録も見られる。すなわち一九〇七／八年度においては二夜行われ、モーツァルトの《魔笛》の序曲ならびに第一、第二幕からのいくつかの部分と、ニコラウス・ダライラックの一幕もののオペレッタ《二人のサヴォア人》のほか、第一夜においてはヴェルディの《トロバトーレ》の第二幕、第二夜においてはフロートの《アレッサンドロ・ストラデッラ》の第二幕が上演された。そして一九〇八／〇九年度は、一夜だけであったが、グルックの《オルフェオとエウリディーチェ》の第一幕、ウェーバーの《魔弾の射手》の第二幕、ヴェルディの《アイーダ》の第四幕の二重唱のほか、オペレッタとしてオッフェンバックの一幕ものの《街灯のもとでの婚約》が上演されている。

以上、やや煩雑な情報を示したが、ラスカはこうした環境のもとに専門の科目の修業を積んでいったのである。そして本来は第三学年に進級する予定であったと思われるが、彼の才能を高く評価した教師たちの勧めもあり、音楽院での勉学を二年で終えて就職した。

ところで、ラスカは音楽院時代にすでにかなり多くの歌曲を書き始めていた。それらは後に音楽院卒業後の作品とともに《青年時代の歌曲》と題されて三冊のノートにまとめられ、現在ではウィーン図書館の所蔵となっている（巻末ラスカ作品表参照）。全部で十八の曲目のうち、各曲の末尾に記された日付から、十一曲が学生時代の作品であったことがわかる。そしてこれらの作品には後期ロマン派風の、また初期のシェーンベルクなどとも共通する表現主義的な作風がうかがわれる。

これらの歌曲のほかに、ラスカは音楽院中退の頃に合唱作品を書いた。エレンはこう記している。

まだ二十三歳というのに、彼は深刻な音楽を作曲していた。私の目の前にはいま、八声部の混声合唱曲が置かれている。曲名は《最後に来るのは死》というもの。こんなに若いときからあの人はこんなに深刻だったのかしら？　いえ、そんなことはない。ヨーゼフは楽天的な人だった。歳をとってからもそれは変わらなかった。

ラスカが就職したのは劇場の仕事だった。職場を探すに当たっては、もちろん幅広く劇場の興業を行っていた父親に頼ることもありえたが、父親は「親の七光」によらずに息子が活躍することを期待し、ウィーンのエージェンシーのヴァイス（詳細は不明）のところに行って、地方の劇場との契約を願ってみてはどうかと勧めた。その結果、最初の仕事として提供されたのが、ボヘミアのテプリッツ・シェーナウ（チェコ名テプリツェ）の市立劇場における、コレペティートル（歌劇の練習用ピアニスト）のポストである。月額八〇クローネの給料ということで、ラスカは喜んで父親に電報を送ったが、父親は、それでは食べていけないからと、一〇〇クローネの補助を送ることとなった。

ボヘミアでの一シーズンが終わった後、翌一九一〇年は生地リンツの州立劇場で勤めた。おそらくこの時から指揮者の務めを与えられたと思われる。続く一九一一年にはモラヴィアのオストラウ（オストラヴァ）の市立劇場に移り、一二年にはヘルマンシュタット（現在のルーマニアのシビウ）の市立劇場で勤めた。そして一三年からはプラハの新ドイツ劇場、すなわちドイツ語での上演を旨とする劇場で、首席指揮者アレクサンダー・ツェムリンスキーのもと、副指揮者を務めたのである。

十九世紀のチェコは、ハプスブルク帝国の一版図として、チェコ語のほかにドイツ語も公用語とされており、したがって多くの文化活動がドイツ語を中心に行われていた。八〇年代には国民劇場が創設され、スメタナやドヴォルジャークのチェコ語によるオペラを中心に上演活動が展開されたが、他方ドイツ劇場は、アンゲロ・ノイマンが八五年に監督に着任。新たに「新ドイツ劇場」が建設されるとともに新しい時代を迎え、優れた上演を行うことによって国際的に高い評価を得ていった。ここではグスタフ・マーラーが指揮し（一八八五〜六年）、カール・ムックが彼の後継者として九二年まで活躍し、そして一九一一年から二七年まで、ツェムリンスキーが首席指揮者を務めた。その彼のもとでラスカは副指揮者の地位を与えられたのであり、今までの彼の仕事に対する評価は十分に高いものになっていたと言えるだろう。なお当時の『ボヘミア』紙には、ラスカが一三年八月九日に着任したこと、翌年一月十三日にはレハール作曲のオペレッタ《ルクセンブルクの伯爵》の指揮を担当したことが報じられている。

ロシア収容所での音楽活動

こうしてキャリアを着々と積み上げていったラスカであるが、一九一四年七月、第一次世界大戦が勃発し、ほどなく彼はオーストリア軍の陸軍予備少尉として、ロシアの前線に送られた。しかし二年後の八月十日、ロシア軍の捕虜となり、その後七年にもわたって各地の収容所を転々とさせられることになったのである。

当時の収容所がどのようなものであったかを具体的に跡づける作業は、筆者にはできていない。

ともあれ、ラスカにはある程度の自由時間が与えられていたらしく、かなりの数の作品を書くことができた。「二つのヴァイオリンのため」とか「三つのヴァイオリンのため」といった編成の曲もあり、収容所の捕虜も楽器を持ち込むことが許されていたのかとも想像されるが、その辺の事情はつまびらかでない。現在ウィーンのオーストリア国立図書館音楽部門に所蔵されている、これらの作品の自筆譜には、各曲の末尾に収容所の地名と年月日が書かれている。したがってラスカがいつどこの収容所にいたのかをある程度辿ることができる。

「1916年11月21日イヴァノヴォ・ヴォズネセンスク」の記入のある自筆譜末尾部分
（オーストリア国立図書館音楽部門蔵）

それによれば、彼はまず、モスクワの北東にあるイヴァノヴォ・ヴォズネセンスクに、遅くとも一九一六年十一月二十一日から、早くとも一七年一月十二日まで収容されていた。次いで極東のブラゴヴェシチェンスクに一七年の遅くとも三月十日から、早くとも同年五月九日まで収容されていた。さらにハバロフスクに、遅くとも一八年一月六日には移され、そして、遅くとも同年十月二十日までにイルクーツクに移されたのである。

大戦は翌月の一九一八年十一月に終結したのであるが、捕虜たちはすぐには解放されなかったらしい。このあたりの事情については、専門家の知を仰ぎたいところであるが、ともあれ、ラスカはまず、早くとも翌一九年八月までイルクーツクに収容されていた。そしてさらに、同年のうちにウラジオストクに移されたのである。

「東方の(vostok)支配(vladi)」を意味する、日本海に面したこの軍事・商業の町では、エレンの手記によれば、「彼が作曲家であり指揮者であることを知ったロシア人たちから一台のピアノを調達され…収容所のなかでオーケストラを構成し…劇場作品を上演し…小さなカフェーハウスで、オーケストラの指揮をし、しばらくの間、音楽院で音楽教師を務めた」という。捕虜でありながら、音楽院の教師を務めるかたわら、他にいろいろな音楽活動をすることができた、というのはどういうことなのだろうか。当時の捕虜事情を探るのは、筆者の力では不可能のようである。

来日、そして関西へ

ウラジオストクでの日々が続くなか、すでに大戦も終わっていたこともあり、ラスカは脱出を考えるようになっていたらしい。おそらくは、一九一八年春にロシア革命をきらって、日本を経てアメリカに移ったプロコフィエフの例なども知っていたのかもしれない。とにかく一九二三年八月のある日、彼は横浜行きの船に乗り込むことに成功した。エレンの「覚え書き」によれば、「ある大きなオーケストラ団体からの招請により、横浜に向かった」のである。当時、東京では「東京シンフォニーオーケストラ」や「東京シンフォニー管弦楽団」（名前は似ているが別の団体らしい）の演奏会が帝国ホテルなどで開かれていた。それゆえ、ラスカとの契約の可能性があったことが推察されるのである。しかし九月一日、すべてを覆す事態が生じた。

十万人以上もの死者をもたらした関東大震災である。東京では火災による被害が甚大であったが、横浜では港に停泊する数多くの船舶が沈没した。ラスカの横浜着の予定はまさにこの日であったのだが、船は日本海でのトラブルのために遅れ、九月三日に敦賀港に着いた。八月の終わりから九月にかけての日本海は濃霧が発生しやすいそうで、そのことが原因であったのかもしれない。ともかく、エレンが記しているように「彼はこのことによって大震災と死とを免れた。一九二三年九月一日は日本にとって悲しみに満ちた日となった。地震が、私の夫との契約が結ばれる場所となっていた横浜のホテルも壊したのである」。

横浜にも東京にも行けなくなったラスカは、敦賀で呆然と過ごしていたらしい。そうした彼の前に、やはりウラジオストクから来たというあるヨーロッパ人女性が現れ、ラスカにむかって、少し離れたところにほかのヨーロッパ人たちがいること、そして彼らが何らかの仕事の世話をしてくれるかもしれないと話しかけてきた。

じじつ、あるバレエマイスターで、宝塚（温泉）の神戸女学院［ママ］に雇われていたロシア人男性が、彼に若い日本人女性のためのピアノ教師のポストを用意してくれた。しかし夫はこの仕事を短い期間しか勤めなかった。なぜなら、彼にはこうした仕事はまったく不向きで、彼の芸術家としての頭脳にはあまりにさまざまなことが渦巻いていたのだから。彼は身近にある小さなオーケストラから、ヨーロッパ流の大きなシンフォニーオーケストラを創ろう…と考えていた。

ロシア人のバレエマイスターというのは同じ年に（ただしラスカよりも前に）宝塚少女歌劇団に雇われたルジンスキーのことかと思われる（「神戸女学院」は間違いであろう）。彼の紹介でラスカは次章に記すように宝塚音楽歌劇学校に教授として採用された。担当の科目はピアノであったが、少女たちへのピアノの指導にはあまり興味を示さず、オーケストラを創ることに力を注ぐことになったというのが、手記のこの部分の趣旨であろう。事実、『歌劇』第四四号（一九二三年十一月号）に掲載された「独逸著名の音楽家　ラスカ氏を宝塚に迎ふ」という記事を見ると、「同氏は覚束ない英語で、日本の音楽界に対する大いなる抱負を語られた。近くシンフォニーオーケストラの編成によって、同氏の抱負の一部分は実現される筈である。生徒にはピアノを受持つてゐられる」とあり、エレンの手記の内容と一致している（漢字についてはすべて現代表記に改めた。以下も同じ）。

第二章　宝塚音楽研究会

宝塚歌劇の始まり

阪急電車宝塚線の終点となる宝塚駅から南東方向にむかって歩いていくと、以前は左側に宝塚ファミリーランドが見えてきたものだが、二〇〇三年にガーデンフィールズという名の庭園に変わっている。そこに至る道筋は右側の低い道と左側の高い道とが並んでいるかたちになっているが、この盛り上がったほうの部分は、昔は武庫川の土手であったという。さらに進んでゆくと、右手に宝塚大劇場が見えてくる。この場所は武庫川の河川敷であったところで、山の傾斜を北から南に降りてきた川の流れがこのあたりでいくぶん東にカーブし、やがて大阪平野をゆっくりと南下してゆく。

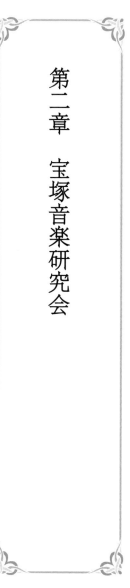

この劇場では水曜日をのぞくほぼ毎日、五つの組（花、月、星、雪、宙）からなる宝塚歌劇のいずれかの組の公演が華やかに行われている。出演者はすべて女性という独特の歌劇が最初の公演を開いたのは、一九一四（大正三）年四月一日のことであった。この歌劇の活動の始まりについてはすでに多数の文献に記されているところであるが、ここでは主に阪田寛夫氏の『わが小林一三　清く正しく美しく』（一九八三年、河出書房新社）や、『京阪神急行電鉄五十年史』（一九五九年、京阪神急行電鉄株式会社）などに拠りつつ振り返っておこう。

この歌劇団の創始者となったのは、広く知られているように、阪急電車、そして阪急百貨店の創業者となった小林一三である。小林は一八七三（明治六）年一月三日に山梨県韮崎《にらさき》に生まれ、慶應義塾を卒業し、三井銀行に就職したが、一九〇七年一月二十三日に退職し、大阪に赴いた。新設予定の証券会社の支配人に着任するためであったが、日露戦争後の好景気の反動暴落が始まったため、証券会社の設立は不可能になった。予定していた仕事ができなくなった彼に与えられたのは、私有鉄道の一つである阪鶴鉄道（現在のJR福知山線）の監査役の仕事であった。

実は当時、阪鶴鉄道は前年の政令によって、山陽鉄道（その後の国鉄山陽本線）、関西鉄道（関西本線、現在のJR大和路線）、日本鉄道（東北本線、常磐線、高崎線ほか）など十六社と共に、国有化が決まっていた。そこで小林の任務はまずは阪鶴鉄道の解散にむけて清算人のような仕事を行うことであった。

その一方で阪鶴鉄道の社長をはじめ関係者たちは、自分たちの会社が解散した後の新たな事業として、箕面有馬電気鉄道株式会社の設立を申請し、認可を受けていた。これも前述の反動暴落のために、困難な状況を迎えたのであるが、小林は新会社の創立事務を一手に引き受けたのである。かくて一九〇七年十月十九日に会社が設立され（それまでに社名は箕面有馬電気軌道株式会社に改められた）、一九一〇年三月十日、梅田・宝塚間、梅田・石橋分岐点・箕面間の運行（現在の阪急宝塚線）が開始された。もともとは会社の名前が示すように、温泉のある有馬までの路線が意図されていたのだが、これはさまざまな事情から断念されることになった。

小林は新しい鉄道の事業を成功させるために、さまざまな試みを行った。沿線の土地を安く買収し、宅地分譲を始めたのが、その一つである。

阪急宝塚線の池田駅から次駅の川西能勢口駅までに向かう途中に猪名川という川があるが、小林はその手前の西側の室町の土地二万七千坪を、電車開通に先立ち、一九〇九年三月に買収、一区画百坪の土地に、建坪二十坪の家を数十種類、二百軒建てて分譲した。

また開通後の一九一一年六月には、同じく桜井駅（石橋駅から箕面駅方面に向かって最初の駅）の周辺の土地五万五千坪の売出しを開始している。これらの区画は縦横しっかりと直角に交差しており、今でもその形は確認することができる。

さて、もちろん沿線に家を建てるだけでは客足を増やすのに限りがある。そこで小林が考えた次の策は、沿線以外の、例えば大阪市内に住む人々が乗車するように仕向けることだった。沿線は田んぼばかりで工場などもなく、したがって娯楽のために電車を利用してもらおうというもので、以下の三つが順次考えられた。

まずは、有馬の代わりに宝塚の温泉を発展させること。ここの温泉は現在の宝塚大劇場から見て武庫川対岸の山手に開かれていたものだが、基本は冷泉で、小林は電気でお湯を温めることも考えたようだ。しかし、地元との折り合いがつかなかったことなどもあり、この開発は失敗に終わった。

つぎに、電車が開通して八ヶ月後の一九一〇年十一月一日、箕面に動物園を開園した。これは箕面駅を下車して箕面川沿いに十分ほど登ったあたりの左側に位置するところで、現在は簡単な遊園具が置かれている公園のような所であるが、ここの岩場に洞穴を開けて動物たちを住まわせ、彼らのいわば自然な生態を見せようとしたものらしい。しかし、箕面は伊丹や灘に売る酒造米の名産地だったこともあり、動物たちの屎尿が問題視されるなど、またもさまざまな困難が生じ、これも一時の試みに終わった。

小林は第三の策として、もう一度宝塚に目を向け、こんどは山側ではなく、武庫川左岸（大阪に向かって左側）の広い川原の埋立地に「宝塚新温泉」を開場することにした。一九一一年五月のことで、ここには大理石造りの大浴場と家族温泉などが設けられ、後には箕面の動物園もここに移されたのである。

さらに翌一九一二年七月には、入浴客の増加につれて近代的な洋館が増設され、「宝塚新温泉パラダイス」と名づけられた。この建物の中心は約二十メートルの室内プールであった。そこへは大浴場から軒続きにわたることができたが、男女の混浴が警察より許されなかったことや、屋内プールの水がとても冷たかったために、ほどなく閉鎖された。しかし小林は転んでもただでは起きる人ではない。彼は水槽を板張りして広間とし、脱衣場の部分を舞台として劇場を作り上げたのである。

ラスカ　宝塚音楽歌劇学校の最寄駅にて

プールを改造したこの「パラダイス劇場」では、当初、客寄せのために博覧会などが催されたが、翌一九一三年七月一日、小林は当時大阪の三越で人気を博していた少年音楽隊を真似て女子のみの宝塚唱歌隊を編成、この劇場に出演させることにした。そして同年十二月には少女歌劇公演を目指すことになり、名称を宝塚少女歌劇養成会と変更し、翌一九一四年四月、この養成会の二十名の生徒たちの出演により、宝塚少女歌劇の第一回の公演が行われたのである。演目は、広く知られているように、歌劇「ドンブラコ（桃太郎昔噺）」と「浮れ達磨」、ダンス「胡蝶の舞」、そして管弦合奏と合唱であった。

以上、宝塚歌劇の始まりの話がいささか長くなったが、ラスカが入っていったのはこうした場所であった。すなわち彼は、歌劇養成会の後身として創設された宝塚音楽歌劇学校に教授として迎えられたのである。

宝塚少女歌劇のオーケストラ

宝塚音楽歌劇学校（現・宝塚音楽学校）は、一九一九（大正八）年一月、兵庫県の認可のもとに設立された。校長は小林一三が務め、英国帰りの劇作家坪内士行が嘱託として迎えられ、高木和夫、久松一聲、原田潤、楳茂都陸平、金健二、金光子が教員となった。同年四月の『歌劇』第四号には「宝塚音楽歌劇学校の設立」と題する一頁の紹介文が掲載されており、「宝塚音楽歌劇学校は範を東京音楽学校仏国歌劇学校にとり、学科を予科一年、本科一年、研究科に分ち、予科に於て一般音楽に関する学科を教授し、本科に於て稍《やや》専問［ママ］的に音楽、歌劇に関する学科を修得せしめ、研究科は専ら其専修科目を研究せしむべく別に年限を限定せず」と記されている。さらに「本校は生徒の技芸の向上に熱心なる指導を与ふると共に、其の品性の陶冶に厳格なる留意をなせる事を以て特色とせり」とあり、人格教育にも力を入れていることが謳われている。

ラスカはこの学校に、一九二三年九月十六日付けで採用された。すでに前章の終わりで見たように、ラスカの担当授業科目は「ピアノ」であったが、「近くシンフォニーオーケストラの編成によって、同氏の抱負の一部分は実現される筈」という力強い言い方には、雇う側においても彼のオーケストラ活動に期待をかけていたことがうかがえよう。

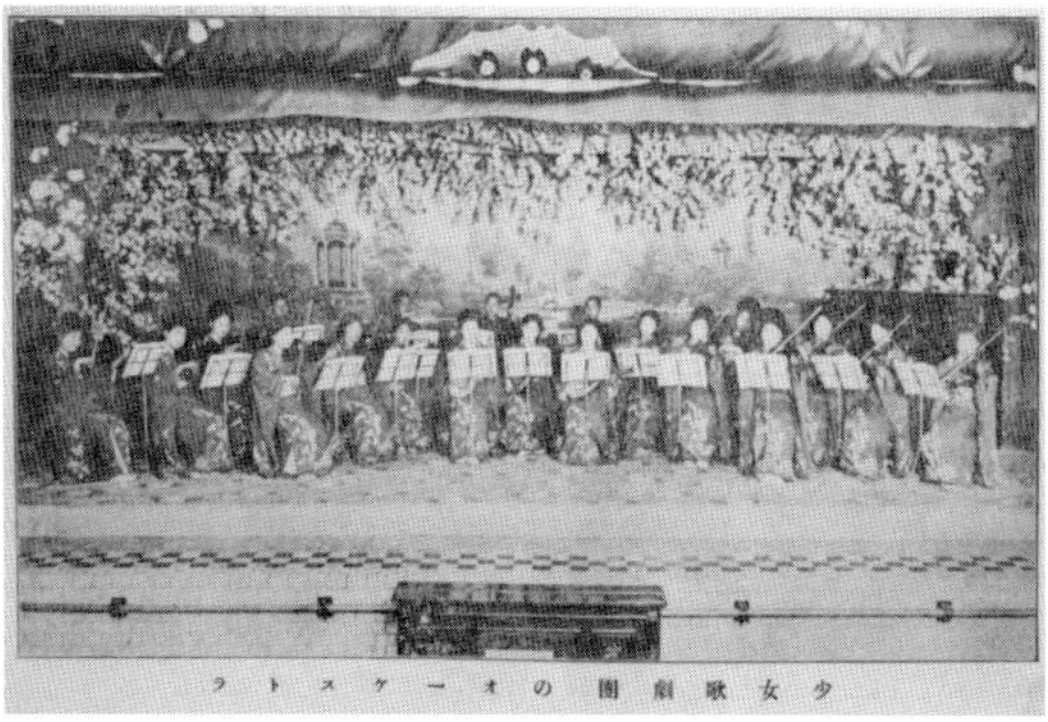

『山容水態』1914年4月号掲載の「少女歌劇団のオーケストラ」
（池田文庫蔵）

ここでそうしたラスカの仕事を辿るに先立ち、宝塚少女歌劇のオーケストラがどのようなものであったかを振り返っておくと、初めはヴァイオリンとマンドリンを中心とする、きわめて簡単なものであった。第一回の公演に先だって当時の阪急電車の広報誌である『山容水態』一九一四年四月号に掲載された「少女歌劇団のオーケストラ」と題された写真を見ると、およそ二十名の演奏者を数えることができる。内訳は、どうやらヴァイオリンが九名、マンドリンが七名らしく、これらはいずれも着物を着た女性たちで、劇の出演者でもあった。そして後方にはチェロ奏者を含めて男の演奏者が四人加わっていたようである。

しかし歌劇公演が開始されて四年目となる一九一七年の夏に京都で行われた公演のプログラム（『歌劇』第一七号＝

一九二二年七月号の「高声低声」欄における投書による）には、「第一ヴァイオリン　高峯妙子、逢阪關《せき》子《こ》、人見八重子、篠原淺茅《あさぢ》、八十島楫子《かじこ》。第二ヴァイオリン　小川夏子、瀧川末子、小倉みゆき、吉野雪子。ヴィオラ　三好小夜子。セロ　寺田日嵯三。コルネット（セロ）　岡本晴敏。バス　原田潤。ピアノ　筑波峯子」とあり、全部で十四名。マンドリンのパートが無くなり、ヴァイオリンが第一と第二とに分かれて位置づけられた。また、舞台で上演する生徒たちがオーケストラの楽器を担当していたことには変わりないが、セロ（チェロ）以下の四名は、教師であった原田を含め、いずれも専門の器楽奏者であったと思われる。

宝塚少女歌劇の公演は、前述のように、初めは温泉客のためのプールを改造してできた「パラダイス劇場」で行われていたが、この劇場は客席数が五百ほどで、少女歌劇の人気の高まりとともに次第に手狭になっていった。そのため一九一九年三月、大阪府豊能郡箕面村（現・箕面市）の公会堂の建物が移転され、客席の規模はそれまでの三倍ほどになった。なおその数ヶ月後となる『歌劇』第五号には「宝塚少女歌劇団管弦楽部」として、「指揮者　高木和夫、第一ヴァイオリン　吉田吉之助、同　片岡力之、第二ヴァイオリン　藤本鶴子、ヴィオラ　橋本石野、セロ　寺田日嵯三、バス　太田七郎、フリュート　奥村兵造、オーボー　岡本晴敏、クラリネット　關眞次、コールネット　田中兼吉、フレンチホルン　齋藤茂一、トロンボーン　松尾武之助、ピアノ　久永愛子」と、指揮者を除いて、計十三名の専門演奏者が集まっていたことが記録されている。

歌劇の公演においては、これらのメンバーの他に、今までどおり、少女たちも演奏に加わっていたと思われるが、オーケストラは大きな会場に移るにともなって、負担が大きくなっていったらしい。公会堂の建物に替わって二年近くが過ぎた一九二一年一月の『歌劇』第一二号には、前の月の『大阪時事新報』に載せられたという、ある高等女学校の教師の厳しい批判の意見が転載されており、そこには「あの宝塚の少女歌劇のオーケストラは唯騒々しい雑音でその劇亦何等の芸術的価値がないと云うやうなことも大阪人の精神的欠陥をよく現はしてゐるではありませんか」という表現さえ見られる。ともあれ歌劇公演が盛んに行われていくのに比例して、楽団員たちは日々忙しく、練習が十分にできなかったことが考えられよう。

しかし、こうした厳しい状況のなかで、団員たちはプロとしての固有の力を発揮できる機会を切実に求めていた。そうした彼らに提供されたのが、『歌劇』愛読者大会である。

『歌劇』は一九一八年八月に創刊された雑誌で、観衆を恒常的につなぎとめ、拡大するための媒体として機能してきた。そうした読者たちへのサービスの一環として、最初の『歌劇』愛読者大会が一九二三年一月十七日午後五時から、「パラダイス劇場」で開催された。会費は無料で、抽選により、五百名が招待された。前年十二月の『歌劇』三三号には、演目として、管弦合奏のステージが三つと、合唱、独唱、ダンス、そして講演が予告されている。

この催しがどのようなものであったかについて、『歌劇』三五号（一九二三年二月号）に「愛読者大会の盛況」と題する記事が掲載されている。主催者側の筆によるもので、割り引いて読まねばならないだろうが、引用してみよう。

高木和夫氏指揮の下に、月花組合併の三十有余名の大管弦楽ローエングリンの前奏曲が始まると一同は鳴を静めて傾聴し、月花組生徒六十余名の合唱には雷のような拍手が湧き上った。東儀哲三郎氏指揮のストリングオーケストラのセレナーデにはミルクをすするが如き甘さが溢れ、高峰妙子の独唱「サフォー」は全く聴衆を魅し去ってアンコールの拍手が何時までも止まないので、再び幕を揚げて挨拶をし、大いに御愛嬌をふり撒いた。

「月花組合併」とあるように、この頃のオーケストラはそれぞれの組に置かれていたが、愛読者大会では倍の規模になり、来客たちにさぞ立派な印象を与えたことであろう。こうしてオーケストラの活動もいよいよ本格的に開花と思われる状況を迎えた。しかしこの催しの五日後の一月二十二日、歌劇場から火災が発生、しばらく宝塚では公演ができなくなったのである。

宝塚音楽研究会

しかしながら音楽家たちはこうして結果として与えられた休演の期間を自分たちの音楽活動を考え、新たな展開を準備するための時間として受けとめたらしい。同年八月、早くも「新パラダイス」が完成し、三階に音楽室が設けられると、彼らはこの部屋を使って主としてクラシック音楽の演奏をめざす活動を開始した。「宝塚音楽研究会」である。その第一回の発表会は一九二三（大正十二）年八月十九日午後一時から、以下のプログラムで行われた（曲目等の表記は当日のプログラムによる）。

第一部

一　合唱　イ　祈りの歌　ロ　緑の森

二　ピアノ独奏　アンプロムプチュー　シュベルト作　淡島千鳥

三　童謡　イ　星と苺　ロ　九人のクロンボ　ハ　お父様の昼寝　住江岸子　有明月子
天津乙女　笹原いな子　門田芦子　滋賀立子　夢路すみ子　小夜福子

四　チェロ独奏　コンチェルト　ゴルターマン作曲　柴田金太郎

五　独唱　昼の夢　若菜君子　助奏　藤本高代

六　管弦合奏　A　Carnaval Venetien　J. Burgmein　B　The Thunderer　Sousa　月組管弦部

休憩　二十分

第二部

一　合唱　イ　空しく老ひぬ　ロ　故郷　月組生徒

二　ピアノトリオ　A　アダヂオ　B　アンダンテ　河合喜六　柴田金太郎　金光子

三　二部合唱〔ママ〕　旅の夜　若菜君子　初瀬音羽子

四　童謡　イ　夕暮の唄　ロ　ほたる　ハ　青い目の人形　住江岸子　有明月子　天津乙女

笹原いな子　門田芦子　滋賀たつ〔ママ〕子　夢路すみ子　小夜福子

五　ヴァイオリン独奏　コンチェルト　ローデ作　河合喜六

六　独唱　イ　子守歌　ロ　クーリデルソング　初瀬音羽子

七　管弦合唱〔ママ〕　A　Prelude chopni〔ママ〕　B　Le Roman de pierrat et pierrette　J. Burgmein

月組　管弦部　終り

これを見ると、月組の管弦部のメンバーをはじめ、生徒たちもさまざまな形で出演し、多くのジャンルの音楽を紹介していったことがわかる。「管弦合奏」の曲は、第一部にABの二曲、第二部にも同様二曲と、けっして多くないが、イタリアの楽譜出版社リコルディのジューリオ・リコルディがブルクマインというペンネームで書いた二つの作品や、ブラスバンドの曲として親しまれているスーザの《雷神》、そしておそらくはショパンの《前奏曲集》からの一曲を編曲したと思われる作品が取り上げられており、意欲的な選曲であったと言えよう。

研究会ではこの後、毎週原則として日曜日の午後に二回ずつ発表が行われ、八月二十六日にはシューベルトの「ロ短調交響楽」すなわち「未完成」交響曲や、ロッシーニの歌劇《ウィリアム・テル》序曲などが演奏された。「未完成」は、関西初演であったかもしれない。八月三十一日と九月二日にもほぼ同じ内容のプログラムが繰り返された。九月九日の研究会についてはプログラム資料が見あたらないのであるが、『歌劇』第四三号にこの日の演奏会について「薄紫《リラ》色の恂情」と題する評が掲載されており、ケーラー・ベーラの序曲喜劇、ハイドンのニ長調四重奏曲、サラサーテの《チゴイネルワイゼン》、ビゼーの《カルメン》から〈ハバネラ〉などが演奏されたことが記されている。

ラスカの演奏

そして次の九月十六日の研究会では、プログラムには印刷されていないが、池田文庫所蔵のプログラム資料に記された手書きの文字によれば、「番外ラスカ氏」の出演があった。この後、演奏会は九月二十三・二十四の両日、十月七日、十四日、十七日と続けられていったが、十月二十一日のプログラムには第二部の第六曲として「ピアノ独奏　ラスカ　プレリュード　ラスカ作」と印刷されており、彼がこの日初めて正式に出演したことがわかる。しかし、この時の「プレリュード」は、十一月十一日ならびにそれ以後の何回かのプログラムから推測してみると、ラスカの作品ではなく、ラフマニノフの嬰ハ短調のプレリュードであった可能性が高い。ともあれ、こうしてデビューしたラスカはやがて研究会の中心的な音楽家として活躍してゆく。例えば十月二十八日からの数回の研究会では、ベートーヴェンのピアノ三重奏曲の演奏が行われ、彼がピアノを弾いている。なおこの曲は、三日後の十月三十一日のプログラムから、《ピアノ三重奏曲　第四番》変ロ長調 作品一一 であったことが確認できる。

このプログラムのラスカ以外の二人の奏者のうち一人は、雅楽の家柄の出身で、東京音楽学校でヴァイオリンを学んだ東儀哲三郎であった。彼は宝塚には一九二〇年四月七日に音楽歌劇学校の教師として着任している。もう一人は東京音楽学校でチェロを学んだ竹内平吉である。彼は一九一三年三月、東京の帝国劇場で行われたグノーのオペラ《ファウスト》の指揮を担当した人物であるが、宝塚に着任したのがいつだったかは筆者にはまだ定かでない。しかし『歌劇』第三四号（一九二三年一月号）に短い寄稿をしていることから、その頃には宝塚に移っていたことがわかる。東京音楽学校出身の演奏者としては、彼らの他に、劇団創設当初から指導に関わり、指揮者としても活躍していたハープ奏者の高木和夫がいた。

このあとの研究会も順調に進められ、十一月四日、十一日、十八日、二十五日、十二月二日、そして九日と行われていった。曲目は毎回すべて異なるものではなく、いくつかの曲を繰り返しながら少しずつ新しい曲に移ってゆく形で、弦楽四重奏曲やピアノ三重奏曲なども多かった。また管弦楽曲としては、ベッリーニの歌劇《ノルマ》序曲や、ロッシーニの歌劇《アルジェのイタリア女》序曲や、ヴェルディの歌劇《リゴレット》からの数曲（詳細は不明）などが、繰り返し演奏されていった。オペラからのこれらの曲は、すでにクラシックの主要なレパートリーとして幅広く受け入れられていたものであるが、やはり宝塚としては特別に力を入れる根拠はあったとみてよいであろう。

第三章　宝塚交響楽団の成立

ラスカ指揮宝塚シンフォニー・コンサート

宝塚音楽研究会の歩みに、やがて大きな転機が訪れた。一九二三（大正十二）年一月十七日に催された『歌劇』愛読者大会についてはすでに述べたが、一年後の一月九日、「新パラダイス」において改めて読者を招待しての催しが開かれた。さらに二月八日にも『歌劇』の愛読者四百名が招待され、ラスカの指揮で第一回の「宝塚シンフォニー・コンサート」が行われたのである。これに先立ち、『歌劇』第四七号には、次のような文章が掲載されている。

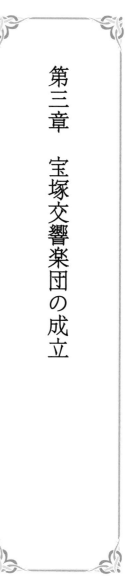

宝塚音楽歌劇学校教授ラスカ氏は露西亜有数のシンフォニーのコンダクターとして全露に名を轟かし、最近まで浦塩［ウラジオストク］に於てコンダクターでありましたが、同氏昨年来宝以来、宝塚に於ても同氏をコンダクターとし全学校を上げてシンフォニーを組織し、爾来汲々その練習に余念なかつたのでありますが来る二月八日午後六時より宝塚新温泉パラダイス三階に於て第一回演奏をすることになりました。この微々たる関西の音楽界に今度のシンフォニー・コンサートの開催は一つのエポックを作るであらうことを信じて疑ひませぬ。今更シンフォニーの偉大を説く必要はありますまい。よき音楽を持たぬ関西の音楽愛好家には絶大の福音でありませう。

ラスカについての記述には、誤りやいささか誇大なところが見られるが、主催者側の意気込みの表れとも見られよう。この演奏会は、以下のようなプログラムで行われた。

第一部

（一）序曲「歌劇」テイチュス［モーツァルト作曲、歌劇《皇帝ティートの慈悲》］　全管弦楽部

（二）「イ」間奏曲　「ロ」メヌエット（舞曲）「歌劇アルルの女」　ゼビー［ビゼー］作

奏者　川口勝三郎［正しくは、勝治郎］

（三）「イ」幻想的ワルス　グリンカ作　「ロ」行進曲（第四〇番）　シューベルト作

第二部

（一）小夜楽「セレナーデ」は長調（ハ長調）六二番　ホルクマン作

（二）愁嘆調「メランコリー」四〇番　ナプロニック［ナプラヴニク］作

第三部

合唱　流浪の民　シューマン作　花月生徒

独唱　歌劇「金王様」　マスメ［マスネ］作　高峰妙子

合唱　新年　花月本科生

ピアノ独奏　コンセルト　ウエーバン［ウェーバー］作　古谷幸一　オーケストラ伴奏

第四部

交響楽「スインホニー」　ハイドン作　変ホ調

プログラムの最後のハイドンは、おそらく交響曲第一〇三番「太鼓連打」であろう。全体としていよいよ本格的なシンフォニー・コンサートの始まりにふさわしい内容となっているが、ここではなお、シューマンの《流浪の民》をはじめ、いくつかのステージに生徒たちの出演が見られる。

しかし四ヶ月後の六月二十一・二十二の両日、やはり『歌劇』の読者を招待して開かれた第二回

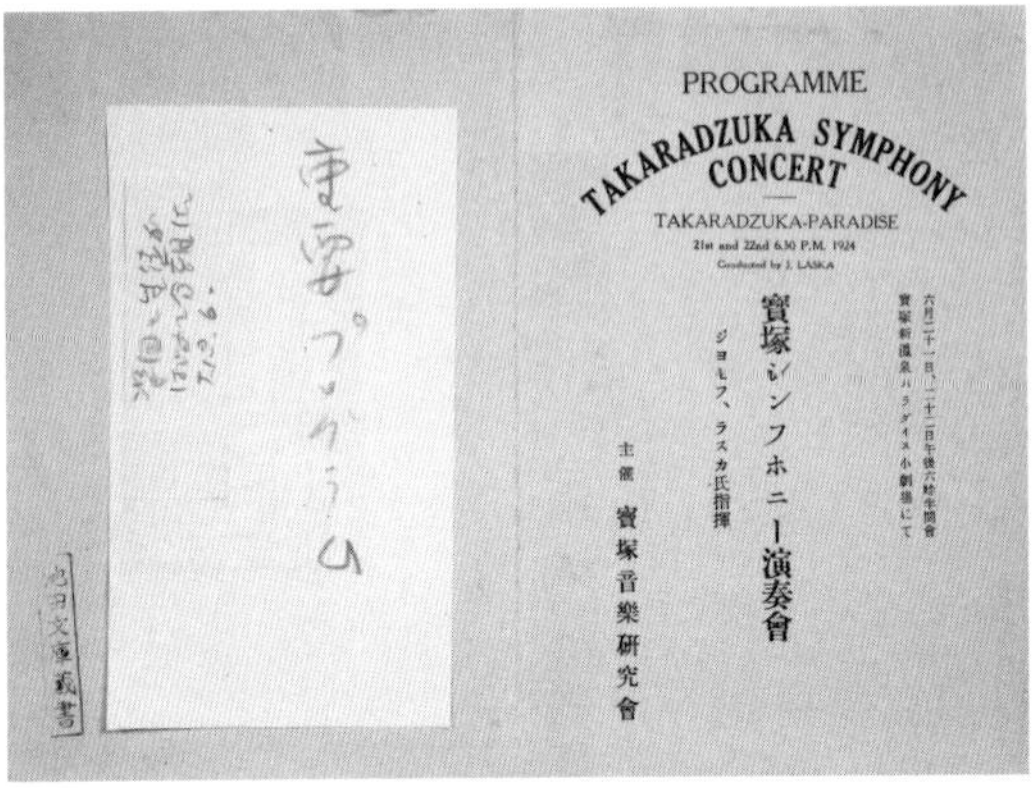

宝塚シンフォニー演奏会プログラム
（池田文庫蔵）

シンフォニー・コンサートでは、池田文庫所蔵のプログラム資料に鉛筆書きで「重要プログラム　楽団と生徒がはじめて分離した」とのメモが添えられているように、完全にオーケストラだけのコンサートとなった。指揮はもちろんラスカで、以下のような曲目が演奏された。

第一部
一、序曲「コリオラン」　ベートーフェン作曲
　宝塚シンフォニーオーケストラ
一、交響楽（ト短調）　モツアルト作曲
　〃
（イ）アレグロ、モルト　（ロ）アンダンテ
（ハ）メヌエット　（ニ）フィナーレ

第二部
一、小夜楽（ニ短調）フォルクマン作曲　弦楽合奏　セロ独奏　竹内平吉
一、歌謡調　ラスカ作曲

一、楽劇「神〔々〕の黄昏」のジークフリードのラインファルト〔ジークフリートのラインの旅〕
　ワグナー作曲　ピアノ弾奏　古谷幸一〔筆者注：この曲は、都合により、すでに同年二月に演奏されたことのある、ナプラヴニク作曲の「メランコリー」に変更になった。〕

第三部

一、「真夏の夜の夢」の夜曲　メンデルスゾーン作曲　宝塚シンフォニーオーケストラ
一、歌劇「自由騎手」「魔弾の射手」中アガテ「アガーテ」の詠嘆調　ウエーバー作曲　高峰妙子
一、楽劇「トリスタンとイゾルデ」中の「夢」　ワグナー作曲　宝塚シンフォニーオーケストラ
一、「第一シンフォニー」抜粋
　（イ）アダージオ　チャイコヴスキー作曲　宝塚シンフォニーオーケストラ
　（ロ）スケルツオ　チャイコヴスキー作曲　〃　〃

このプログラムを見ると、ベートーヴェン、モーツァルト、メンデルスゾーン、チャイコフスキーのほか、ローベルト・フォルクマンや、チェコに生まれロシアで活躍したエードゥアルト・ナプラヴニクの作品、さらに指揮者ラスカ自身の作品を含んでおり、きわめて意欲的な内容のものであったことがわかる。しかもモーツァルトのト短調交響曲（第四〇番）は、日本初演であった。

なお、同じプログラムには「シンフォニー演奏者」の一覧が掲載されており、指揮者ラスカのほ

か、フルート、オーボエ、クラリネット、ファゴット、ホルン、トランペット、トロンボーンがそれぞれ二名で小計十四名、ティンパニ一名、シンバル二名、第一ヴァイオリン九名、第二ヴァイオリン九名、ヴィオラ四名、チェロ五名、コントラバス二名で、合計四十六名であったことがわかる。しかしこれは少女歌劇のオーケストラのメンバーがそのままコンサートのメンバーであったということではなかったと見るべきであろう。池田文庫に所蔵の第一回シンフォニー・コンサートの手書きメンバー表には六十名の氏名が記されており、しかも第二回のときとは異なった名前が多数見られるのである。つまり、「シンフォニー」に加わったのは歌劇の楽団員たちのうちの多くではあるが、全員ではなかったと考えられるのである。

生徒たちのなかには第二回のときも、第一回のときと同様、高峰妙子の名前があった。《魔弾の射手》のアガーテのアリアを歌うことのできた彼女は、プロのオペラ歌手としても十分に通用する力量を備えていたと言えるだろう。こうして一九二四年の二回のシンフォニー・コンサートを通じて、宝塚少女歌劇のオーケストラは、クラシックの交響楽団としての第一歩を踏み出したのである。

その後の活動としては、翌一九二五年一月二十四日に開かれた『歌劇』愛読者大会において、第二部の二、として「大交響楽演奏」が設けられ、ラスカの指揮で、「A、歌劇「魔笛」の序楽　モツアルト作曲　B、歌劇「フイデリオ」　ベートウヴエン作曲　独唱　高峰妙子　C、未完成

交響楽　シューベルト作曲」というプログラムで演奏が行われた。翌月の十三・十四両日には中之島の大阪市中央公会堂で「宝塚音楽歌劇学校演奏会」が開かれ、その第三部でモーツァルトとベートーヴェンについては前月と同じ曲目が演奏されている。さらに、八月二十日に開かれた「宝塚シンフォニー演奏会」では、やはりラスカの指揮により、メンデルスゾーンの交響曲第三番「スコットランド」、ボロディンの《中央アジアの草原にて》をはじめとする三つの管弦楽曲、次いで女声合唱が演奏され、最後にハイドンの交響曲変ホ長調（「太鼓連打」と思われる）が演奏された。

宝塚交響楽団の成立

このようにして、研究会ならびに愛読者大会を通じて着実に準備を重ねた結果、翌一九二六年八月、ついに宝塚交響楽協会が設立されるに至った。同年九月発行の『歌劇』第七八号には、「関西楽壇の最高指針　宝塚交響楽協会成立」と題し、会員募集にむけて以下の文章が掲げられている。

我邦に於ける洋楽の隆盛は実に凄じい程であるが、その最高の形式である交響楽に至っては、経営の困難と多数の楽手を要する為に、唯一つ東京に山田耕筰、近衛秀麿両氏の率ゐる日本交響楽協会があるのみである。七十余名の優秀な楽手を擁する宝塚では既に数年前にシンフォニー演奏団を組織し、毎月一回の定期演奏の他関西都市に於ても適時開催して内外人間にセンセーシヨンを起して来たが、今度愈々宝塚交響楽協会なる会員組織の会とする事になり、今会員を募集中である。希望者は会費六箇月分三円を添へ本月中に端書で、宝塚音楽歌劇学校内同協会宛申込めば好い。会員には毎月一回の定期演奏会の会員券を送る外種々の特典がある。尚九月の第一回演奏会には東京楽壇の名士数名を招聘する。

これに続き、「宝塚交響楽協会々則」が掲げられている（但し本号に掲載の文中には誤記と思われる個所があるので、『阪神毎朝新聞』大正十五年八月十一日号に掲載の「宝塚交響楽協会成立」と題された記事により補正して引用する）。

第一条　本会は宝塚交響楽協会と称す
第二条　本会は交響楽及一般音楽の研究並に発表を目的とす
第三条　本会の事務所は兵庫県宝塚、宝塚音楽歌劇学校内に置く
第四条　本会は第二条の目的を達成する為め左記の事業を行ふ
　一、定期演奏会、毎月一回宝塚新温泉に於て演奏会を開催す。
　二、臨時演奏会、適当なる時期に臨時演奏会を開催す。

三、地方演奏会。
四、音楽に関する研究会及講演会。
五、会員相互の親睦を旨としたる懇親会。
六、其他音楽の発達普及に緊要なりと認めたる事業は適宜之を行ふ
第五条　本会は本会の趣旨に賛同し規定の会費を納付する者を以て会員とす
第六条　本会会費は一箇月五十銭とし半箇年分三円を前納するものとす
第七条　一旦納付したる会費は如何なる事由に拠ると雖も之を返還せず
第八条　会員には本会主催の定期演奏会の無料入場券を交付す
第九条　臨時演奏会及地方演奏会には会員に限り特別割引をなす

第二条や第四条の四に見られるように、この組織は目的および事業として、「研究」や「講演」を掲げており、「研究会」時代の精神を受け継ぐことを目指していたことがわかる。とはいえ、活動の中心となったのは、あくまで、第四条の一に掲げられた「定期演奏会」である。

第一回定期演奏会

こうして宝塚交響楽団の第一回定期演奏会は、一九二六（大正十五）年九月十八日に開催された。曲目はベートーヴェンの交響曲第三番「英雄」、マスカーニの《アヴェ・マリア》（ソプラノ）、カタラーニの歌劇《ワリー》より（ソプラノ）、ボロディンの歌劇《イーゴリ公》序曲、同じくボロディンの交響詩《中央アジアの草原にて》、スクリャービンの《夢想》作品二四、シューマンの《序奏とアレグロ・アパッショナート》作品九二、ワーグナーの楽劇《ニュルンベルクのマイスタージンガー》より第一幕への前奏曲であった。『歌劇』七九号にはこの演奏会について以下のような文章が載せられている。

九月十八日土曜日の夜、七時から宝塚小劇場で、私たちの待ちに待った宝塚交響楽協会第一回演奏会が催された。前夜の風雨で、天候はどうかと気づかはれたが幸好天気である［。］定刻前既に満員で補助席を出す始末だ。外人も多く見える。私たちは些かびつくりしてお目出度う〳〵と言ひ合ふばかりであつた。日本でたつた一つの交響楽協会［日本交響楽協会については後述］、どうぞみなさんの手で大きくして下さい。腹の中でお客さんの顔を見ると呼びかける。ベートウベンの英雄讃美曲第三シンフォニーから始まる。なにしろ五十五分かゝる大モノである。雄大荘厳宝塚でなければこれだけの設備と人を揃へることは出来ない。些か鼻が高くなる。ルビニー夫人がアベ・マリヤとラ・ウアリイを唄ふ。豊富な声量にうつとりする。

ボロデインの代表作イゴル公前奏曲と中央亜細亜の風景がある。一つは明るく華やかに、一つは詩趣津々として懐しい情緒に惹き入れられる。イゴル公第二幕の有名なポロヴィチアン・ダンスとして知られたバレーは、十一月に雪組によつて上演される。スクリアビンの夢が演奏された後、当夜の呼びもの、一つシヨルツ教授ピアノ司伴楽シユーマンの作品九十二番が演奏された。シ教授の声名は今更説明するまでもない。満堂たゞ深く感動して言葉もない。最後がワグナーのフオルスピールである。私たちはたゞこんなに大きな音楽——妙な言葉であるが——を一夜のうちに演奏して下さる楽師諸氏に感謝する。実際このプログラムの一つを演奏するだけでも、その心と体の疲労は大きい。芸術家の仕事は、偉大なる音楽の持つ霊の力が、演奏者の心と体を魅して奪つてしまふから、無我になればなるほど、一心になればなるほど、大きな疲れが来る。聴く方でも魅せられ昂奮させられる。重い大きな音楽ばかりでなく、軽い明るい気の晴ればれする音楽——それも宝塚シンフォニーの夕べに加へてゆかねばならない。偉大すぎる。西洋の音楽家は偉大すぎる。——私は楽士諸氏の努力に満腔の感謝を捧げたい。大きな歩みである。大きな昂奮である。大きな建設だが、大きな労力がいる。阪神間の皆さん、どうぞこの協会を成長させて下さい。たゞ趣味のためといふのみでなく、日本の楽壇のために。

演奏会は毎月一回。会費は六ケ月三円。申込は宝塚音楽歌劇学校内同協会。会則はお通知あり次第送ります

末尾の記述から、この文章は主催者側によって書かれたものと判断されうるが、それにしても、定期演奏会を開催することができた喜びと誇りとがひしひしと伝わってくる文章である。演奏会はこの後、会則の通りに、毎月一回のペースで開かれていった。

東京の交響楽団の動向

ところで、先に引用した会員募集の文章に「唯一つ東京に山田耕筰、近衛秀麿両氏の率ゐる日本交響楽協会があるのみである」との記述があったが、どのような状況であったのだろうか。

日本交響楽協会は山田耕筰（一八八六〜一九六五年）が一九二四年に自宅を事務所として開設した組織で、山田の弟子で、ベルリンとパリに学んだ近衛秀麿（一八九八〜一九七三年）も、帰国後、これに加わった。山田は一九二五年、ハルビンより「東支鉄道交響楽団」（ハルビン交響楽団）を招聘し、四月二十六日から二十九日まで、四回にわたって、東京・歌舞伎座において日露交歓交響管弦楽演奏会を開催した。ハルビン側からは三十余名、日本側からは日本交響楽協会の三十八名が参加し、

指揮は山田と近衛が交互に担当。その後、名古屋、京都、神戸、大阪でも演奏会を行った。

　そしてこの年の七月、東京放送局が放送を開始し、日本交響楽協会を支援することになったことから、山田は近衛とともに、予約演奏会を開始することになったのである。その第一回の演奏会は翌一九二六年一月二十四日に開かれ、近衛の指揮でベートーヴェンの交響曲第三番他が演奏された。会場は東京・青山の日本青年館である。これは前年九月十七日に、全国の青年団育成を目的として建設されたばかりの会場で、聴衆はさぞかし新鮮な気分でコンサートを味わったことであろう。第二回の演奏会は同年一月三十一日、こんどは山田の指揮で、ドヴォルジャークの《新世界交響曲》他が演奏された。

　こうして六月までに十二回の定期演奏会が開かれたのであるが、九月に内紛が勃発、団員たちが山田派と近衛派に分かれる事態となった。山田のもとにとどまった楽員は四名のみで、これに対し近衛側には四十四名が加わり、近衛とともに組織を去った。山田と袂を分かった近衛は、十月五日、仲間たちとともに「新交響楽団」を結成した。この年の八月に、東京、大阪、名古屋の各放送局が合併して日本放送協会（ＮＨＫ）が発足したが、同協会は、山田の日本交響楽協会ではなく、近衛の新交響楽団と出演契約を結んだ。今日のＮＨＫ交響楽団の前身となるこの楽団は、発足した一九二六年のうちに研究発表会を三度、日本青年館で行った。そして翌二七年一月に第一回定期演奏会を開くことにしていた。

宝塚交響楽協会の会員募集が開始されたのはこのような時期のことで、「山田耕筰、近衛秀麿両氏の率ゐる日本交響楽協会」はまさに分裂の危機に直面していたのであるが、その時には東京での事情は関西にはまだ届いていなかったらしい。しかし先に引用した、演奏会後に記された『歌劇』七九号掲載の文章中の「日本でたつた一つの交響楽協会」という言葉はその間の東京での変化を反映しているとも考えられよう。

新交響楽団（新響）の第一回定期演奏会は、大正天皇の崩御（十二月二十五日）により一ヶ月延期となり、翌一九二七（昭和二）年二月二十日午後二時より、近衛秀麿の指揮で行われた。会場はやはり日本青年館。曲目はメンデルスゾーンの《フィンガルの洞窟》、モーツァルトの歌劇《イドメネオ》序曲、シューベルトの交響曲第七番ハ長調［今日の標準的な番号付けでは、第八番（ザ・グレート）］で、さらにグリーグの《二つの悲しい旋律》が、大正天皇を偲んで追加演奏された。

以上に記したような次第で、宝塚交響楽団の定期演奏会は、たしかに日本交響楽協会のそれよりは遅く始まったが、新響のそれよりは五ヶ月ほど早く開始されたことになる。そしてその間にすでに五回の定期演奏会を重ねていたのである。こうして大正期から昭和期への移行の時期に、東京においても関西においても、交響楽運動の新しい展開が開始されたことは注目すべきであろう。もちろん、これら二つの楽団に先立って、一九一五（大正四）年五月から同年十二月十九日まで、帝国劇場で山田耕筰の指揮のもとにあわせて六回の定期演奏会を開いた東京フィルハーモニー会管弦楽部や、やはり同年の十一月六日に大阪・北浜の帝国座で第一回の定期演奏会を開き、少なくとも三年半ほどの期間にわたって関西における最初期のオーケストラ活動を展開した羽衣管弦団も、それぞれ前史的な意義を有している。しかしここではそれらに遡ることはせずに、宝塚でのその後の歩みを辿ることにしよう。

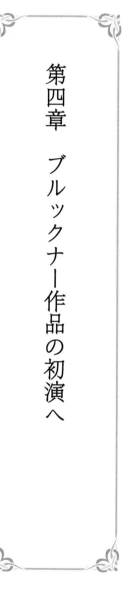

第四章　ブルックナー作品の初演へ

ラスカによる数々の本邦初演

宝塚交響楽団は、「会則」にあるように、月一回のペースで定期演奏会を開いていった。ところで、プログラム等の資料を見ていくと、当の演奏会が何回目のものかを示す番号を印刷しているものが、初期の段階ではきわめて少なかったことがわかる。一九二六年九月十八日の第一回から、第二回、第四回、第五回、そして第一〇回については印刷されているが、その後に回数が印刷されているのは、二八年七月二十一日の演奏会で、しかもそのときのプログラムにはなぜか「第四七回」と記されているのである。第一〇回の定期演奏会は二七年五月二十一日であったから、毎月一回のペースであったとすれば、二八年の七月はまだ「第二四回」あるいはそのあたりであったはずである。したがってこの間一挙に二十数回の回数が増えたことになるが、その理由については、一九二四年二月の「第一回宝塚シンフォニー・コンサート」からの演奏会の回数を加算したと考えてよいだろう。

さて、ラスカはこれらの演奏会を自らの指揮で推し進めていった。そうした営みのなかで、特に注目に値するのが、数多くの作品の本邦初演である。

まず一九二八年五月十九日の定期演奏会において、ゲオルク・ヨークル（一八九六〜一九五四）の《弦楽とハープのための「夜楽」》の本邦初演が、高木和夫のハープ・ソロを伴って行われた。ヨークルについてはこの演奏会のプログラムに、「有名な［Franz］Schreker の門下にあるオーストリアの作曲家で現代独逸オペラ作家の大立者であって現在ウインナに居住してゐる」と紹介されている。なおこの日の演奏会は「近代音楽の夕べ」と題されており、ヨークルのほかに、オネゲルの交響詩《夏の牧歌》、イーゴル・ストラヴィンスキーの《小管弦楽のための組曲第二番》が演奏された。そしてベーラ・バルトークの《ルーマニア民俗舞曲》も、プログラムに「本邦初演」と銘打たれている。

さらに同年八月二十五日の第四八回では、オスカル・ネドバルの《舞踊組曲「老いたるハンス」［怠け者の物語］》の本邦初演が行われた。続いて第五二回では、ラスカ自身の《イタリア（八つの歌曲）》

が、第五七回ではズデンコ（ズデニェク）・フィビヒの序曲《カールシュタインの夜》とオイゲン・ツァドルの《童話劇「ハンネレの昇天」》序曲が、第五八回ではフィビヒの田園歌《夜に》、第五九回ではハインリヒ・ツェルナーの歌劇《沈鐘》より第五幕への前奏曲、第六〇回ではマリピエロの《沈黙の序楽》が演奏された。

さらに第六五回ではヴラディミル・レビコフの《小組曲第一番》が、第六六回ではアンリ・マルトーの《木管のためのセレナード》とアルミン・クナープの《アルトと女声合唱と小管弦楽のためのカンタータ「マリアの誕生」》が、第六七回ではフィビヒの交響曲第二番が、第六八回ではエミリウス・ハルトマンの《交響詩「ハコン・ヤルル」》が、第七〇回ではレオーネ・シニガッリャの《ピエモンテ舞曲集》作品三一が取り上げられた。そして第七二回ではカール・ニールセンの交響詩《サガの夢》作品三九およびリヒャルト・フルーリーの《謝肉祭交響曲》が、第七四回ではヴィーチェスラフ・ノヴァークの《交響詩「タトラ山にて」》が本邦初演された。

以上の作品の多くは今日演奏されることは少ないが、作曲者の名前や作品名はドイツの代表的な音楽事典であるＭＧＧ音楽事典などで確認できるものが多く、これからもなお再演奏や再評価の可能性はあると言えよう。

ブルックナー作品

さて、こうした初演活動のなかでも、とりわけ重要と思われる出来事が、ブルックナー作品の演奏である。まず一九三一（昭和六）年四月二十四日、午後七時半より宝塚大劇場で開かれた第七五回定期演奏会において、彼の交響曲第四番「ロマンティック」が取り上げられた。

池田文庫に残されている欧文プログラム資料には、赤鉛筆で「（第一楽章）十八分、（第二楽章）二十分、（第三楽章）九分二十秒、（第四楽章）十八分」との書き込みがあり、さらに全体の演奏時間として「一時間十分」と記されているが、この数字の筆跡は、他の資料との照合から、当時の楽団の交響楽係萩原廣吉氏のものであると見られ、リハーサルか本番における記録として書き込まれたものと思われる（次頁写真参照）。この演奏時間は今日の平均的な演奏時間に比べて第二楽章が長いが、それは、当時は、今日普通に演奏されている「原典版」がまだ出版されておらず、さまざまな改変が施された「初版」によって演奏されていたためと考えられる。各楽章に添えられたテンポ表示もそのことを物語っており、例えば第二楽章は、原典版では「アンダンテ・クアジ・アレグレット」（「アンダンテだがアレグレットに近く速めに」）だが、初版では単に「アンダンテ」となっている。また第三楽章については、初版には、かなり大規模なカットが見られる。ブルックナーの交響曲の日本におけるそもそもの初演というこの出来事は、非常に画期的なことであったが、残念ながら批評などの記録は残っていないようである。

続いて第一〇〇回定期演奏会（一九三三年十一月二十二日）では、ブルックナーの交響曲第一番が本邦初演された。楽団が当時発行していた定期会員向け広報誌『シンフォニー』の第七号（同年九月二十日発行）によれば、この演奏は「ラスカ氏の希望」により行われたものである。

じつはオーストリア国立図書館音楽部門に、ラスカのこの「希望」を裏付ける文書が残されてい

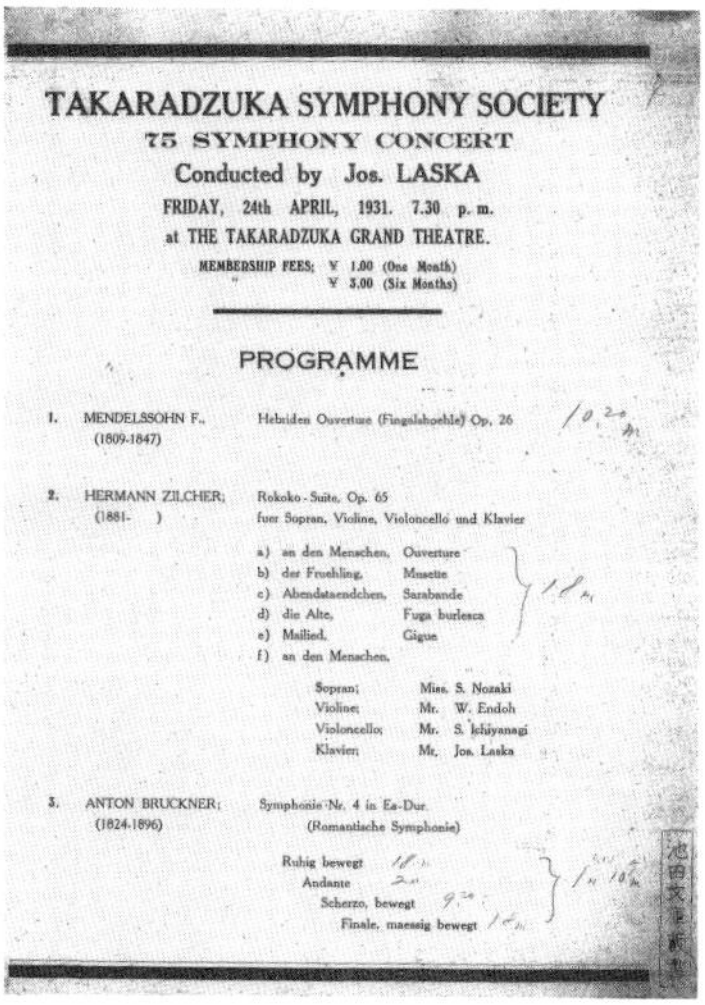

TAKARADZUKA SYMPHONY SOCIETY
75 SYMPHONY CONCERT
Conducted by Jos. LASKA
FRIDAY, 24th APRIL, 1931. 7.30 p. m.
at THE TAKARADZUKA GRAND THEATRE.
MEMBERSHIP FEES; ¥ 1.00 (One Month)
" ¥ 3.00 (Six Months)

PROGRAMME

1. MENDELSSOHN F., (1809-1847) — Hebriden Ouverture (Fingalshoehle) Op. 26 — 10.20 m

2. HERMANN ZILCHER; (1881-) — Rokoko-Suite, Op. 65
fuer Sopran, Violine, Violoncello und Klavier
a) an den Menschen, Ouverture
b) der Fruehling, Musette
c) Abendstaendchen, Sarabande
d) die Alte, Fuga burlesca
e) Mailied, Gigue
f) an den Menschen,
— 18 m
Sopran; Miss. S. Nozaki
Violine; Mr. W. Endoh
Violoncello; Mr. S. Ichiyanagi
Klavier; Mr. Jos. Laska

3. ANTON BRUCKNER; (1824-1896) — Symphonie Nr. 4 in Es-Dur (Romantische Symphonie)
Ruhig bewegt 18 m
Andante 20 m
Scherzo, bewegt 9.20
Finale, maessig bewegt 18 m
— 1h 10 m

第 75 回定期演奏会欧文プログラム
（池田文庫蔵）

宝塚交響楽団を指揮するラスカ
（1933 年）

る。最近になって（二〇一〇年八月）同館を訪ねた際に気がついたのだが、それは交響曲第一番の初演の一年近く前となる三二年十二月三十一日に、ラスカが、国際ブルックナー協会の創設者かつ会長で、ブルックナーについての初期の代表的な評伝を書いたマックス・アウアーに宛てた手紙であり、こう書き始められている。

拝啓　以前にお送りした《日本の旋律》第一集に続いて、本日は第二集をお送りさせて頂きます。東方からのささやかなご挨拶としてお受け入れいただければ幸いです。またあわせて一九三三年にむけての私の心からのご挨拶としてもお受け入れくださいますよう。ブルックナーの名のもとに進めていらっしゃるお仕事のうえにご成功をお祈りいたします。

ここに記されている《日本の旋律》はラスカが日本の民謡やお座敷唄をピアノ独奏用に編曲した作品で、第一集は全十二曲が、第二集は作曲された全十二曲のうち七曲がベルリンのリース＆エルラー社から出版された。これらの曲については、第六章であらためて述べよう。

さてラスカは、いま引用した部分に続いて、次のように記している。

私はリンツにむけて［交響曲］第一番の演奏用貸譜のことで依頼の手紙を送っているのですが、

まだ返事を得ておりません。私がこの交響曲を日本で演奏することをできなくさせているようにも思えてきます。私はケールドルファー氏を通じて直接音楽協会の委員会にも書き送ったのですが、今日までまったく返事が届いていないのです。

ラスカがここに記しているケールドルファーとは、彼が記している Kehldorfer という綴りと少し異なるが、オーストリアの合唱界の中心的人物であったヴィクトル・ヨーゼフ・ケルドルファー（Viktor Josef Keldorfer）であるかとも思われるが、推測の域を出ない。また「音楽協会」というのは「リンツ音楽協会」のことであろうか。ともあれ、ラスカはこの後ようやく楽譜を手に入れたようである。こうして彼の熱意と努力の結果、交響曲第一番の本邦初演が実現することになったのである。

演奏会の会場は当初は大劇場が予定されていたが、『シンフォニー』の第九号（一九三三年十二月十六日発行）の巻末における「宝響ニュース」および「事務所より」の欄を見ると、「大劇場は音のコンディション悪く」「中劇場」に変更されたことがわかる。

すでに記したように、一九二三年一月の火事の後、八月に作られた「新パラダイス」の建物の三階の音楽室で、研究会が行われてきたのであるが、中劇場はこの「新パラダイス」よりも早く、すでに三月には建てられていた。そして大劇場の方は翌二四年七月に竣工となった。この大劇場は四

『シンフォニー』第9号に掲載の第100回定期演奏会の写真
（池田文庫蔵）

千人が収容できる規模で、それまでの「公会堂」劇場よりもはるかに多くの客を集めることができたのであるが、これほどの大きな劇場に、ブルックナーのあまり有名でない交響曲の演奏を聴くために十分な聴衆が集まったとはなかなか想像しにくい。したがって「音のコンディション悪く」とは、客の閑散とした状況ゆえの急遽の対応ではなかったかとも考えられるが、ともあれ結果としては「聴衆堂に満つの盛況」（前記「宝響ニュース」）となったのである。

なお『シンフォニー』第九号には写真が載っており、そこにはラスカの他六十八名の演奏者たちの姿が見られる。この数はブルックナーの交響曲の演奏者にとってはきわめて小規模であるが、演奏者たちは本当によく頑張ったと言うべきであろう。またオーケストラの楽器配置は今日でもときたまロシアの演奏団体などに見られるのと同じく、客席から見て前面左から、第一ヴァイオリン、チェロ、ヴィオラ、第二ヴァイオリンと並び、後方の左にコントラバス、右に打楽器、管楽器が並んでいる。

朝比奈隆氏による酷評

ところで、この演奏会について、じつは後に大阪フィルハーモニー交響楽団の指揮者となる朝比奈隆（一九〇八～二〇〇一年）が、非常に厳しい批評を書いている。彼は二年半前の一九三一年三月に京都大学法学部を卒業後、阪急（阪神急行電鉄本社）に入社し、電車部門、百貨店部門、電灯電力課での勤務に順次携わったが、三三年六月に退社。在職中も京大オーケストラに所属し続けていたのであるが、退職する二ヶ月前の四月、京都大学哲学科の美学・美術史専攻に学士入学した。そして指揮者になるために京大オーケストラの指揮者であるエマヌエル・メッテルの紹介によってポーランド人のメンチンスキーからヴァイオリンを習い始めるほか、学外での演奏会活動にも力を注いでいたのである。彼が音楽雑誌『月刊楽譜』に寄せた批評はきわめて長文のもので、こう始められている。

関西に於ける唯一つのシムフォニー・オーケストラとして茨の道を歩み続けて来た人達のこの慶びの日に冒頭、謹んで敬意と祝意とを捧げやう。曲目は、交響曲ハ短調　ベートーフェン、協奏曲　ニ長調　チャイコフスキー、交響曲ハ短調　ブルックネル。ヴァイオリン独奏者モギレフスキー、指揮ヨセフ・ラスカ。今、この演奏会に関連してなさるべきあらゆる論評は次の五ツの部門に分つて考察したいと思ふ。一に、当夜の演奏の結果に就いて、二に指揮者に就いて、三に楽団そのものに就いて、四に独奏者に就いて、最後に協会の事業に就いて——。

いささかものものしい論文調の書き出しであるが、次いで朝比奈はブルックナーのこの曲について、そしてブルックナーについて、次のように記している。

ブルックネルの交響曲第一番は相当な練習の跡も見へた力演であったのに不拘、感銘を与へる事が少なかったのは演奏、解釈の是非よりはむしろ作曲者の側に於て、その拙劣な楽式、幼稚なオーケストレイション、単調な和声構造等に就いて責任を負はなければならぬ。

茲《ここ》には只、次の時代への一里塚として試練の道を往く一人の巡礼者を視る。

後にブルックナーの交響曲の演奏に精魂を傾け、日本におけるその第一人者となってゆく朝比奈が、当時このようなネガティブな受けとめをしていたことにはたいへん驚かされるが、これはラスカの指揮についての不満足とどうやら不可分に結びついていたようである。

音の強弱に対する感性は全く素人としか思はれない位鈍感である。

力強い意志に対比さるべき柔和な優しい感情はどこにも見られない。ラスカ氏の演奏からリリクやロマンティクを感ずる人は恐らくあるまい。

そして、これに次のようなだめ押しが続く。

宝塚の人達はラスカ氏から何を学び得たろう。展開の細かい粉飾、ピアノやフォルテの微妙な相対的関係、アウフタクトの正しい指示、和声の一般的な構成、指揮者の左手の最も重要な技巧への理解――さうしたものの一つでも明瞭に教へられただらうか。

この批評において、朝比奈は、ヴァイオリンのモギレフスキーについては高い評価を与えているのだが、結局このオーケストラについての指導体制そのものに大きな不満を覚えていたらしい。批評の最後に彼はこう記している。

「自由な宝塚」としての束縛のない活動こそ将来、日本国民芸術を生み出すべき自負を持つ宝塚の第一歩でなければならない。良き指導者と良き支持者とが必ずやこの理想を実現されるであらう。

朝比奈自身がこのオーケストラの「良き指導者」となることを欲していたかどうかはここでは読み取れないにしても、自身よりも二十歳以上も年上のヨーロッパ人指揮者に対して投げかけたこの批評は、後に指揮者として自らの世界を拓いてゆく出発点になったとも考えられよう。

ブルックナー演奏のこだわり

ラスカは同郷の先輩作曲家の宗教的声楽作品についても、早くから演奏を考えていたらしい。先に紹介したマックス・アウアー宛の手紙（一九三二年十二月三十一日付）のなかで、彼はさらにこう記している。

同封いたしましたプログラムガイド（Programmhefte ＝複数）は、私が発行しはじめたものですが、ご覧いただければ、私が四月に《テ・デウム》を演奏する（合唱団員二六〇名）予定であることがおわかりいただけると思います。ところでお願いが一つあります。一九三〇年の年間特典となっているブルックナーのレクイエムのスコアとピアノ抜粋譜が私のところにはまだ届いていないのですが、私はこの作品を手に入れたいのです。と申しますのも演奏することを考えておりまして、それだけにぜひ欲しいと考えております。私がこの特典の楽譜を後からでも入手できるようお取り計らいをいただければたいへん有難いのですが。煩わしいこととは存じますが、どうぞご気分を害されませぬよう。

ラスカはそのころ、彼自身が編集者となって、英語と日本語による「プログラムガイド」を発行しはじめていた。その第一号は一九三二年十一月十七日、第二号は同年十二月二十日に、いずれも定期演奏会の日に合わせて発行され、この両号がともにアウアーに送られたようである。それぞれの末尾には Future Musical Events と記された欄が設けられており、第一号においても第二号においても、ブルックナーの《テ・デウム》の予告が載せられている。ただし、掲載された開催予定月は、手紙におけるのとは異なり、この段階では「三月」となっていた。しかし、手紙より後の第三号（一九三三年二月二十二日発行）になると、もはやこの作品の予告は見られなくなっている。したがって、最初の二ヶ月ほどは三月に演奏を予定していたが、アウアーへの手紙を書いた年末あたりの段階では四月に延期せざるをえないと考えるようになり、年が明けてから、やがて実行を断念するという事態となった、と考えられるだろう。

またこの手紙には、ラスカがブルックナーの《レクイエム》を演奏してみたいと考えていたことも示されているが、そもそもこの曲のスコアは、ローベルト・ハースの校訂により、アントン・ブルックナー全集（旧全集）の第一五巻として、まず一九三〇年に校訂報告付き大型総譜が出版され、翌年に研究用総譜が、さらに一九三二年に校訂報告なしの大型総譜が出版された。こうした状況のなかでブルックナー協会の会員には年間特典としてプレゼントされたらしいのである。ただし、そのあたりの事情は、筆者にはまだ定かでない。

ともあれ、ラスカは《テ・デウム》についてはついにその願いを実現することができた。すなわち当初の予定から二年近くを経た一九三五年一月二十六日に大阪の朝日会館で開かれたアサヒ・コーラスの第二回演奏会において、この曲の本邦初演が行われたのである。『大阪朝日新聞』の当日の朝刊における「朝日会館　今日」の欄には、午後の「第百四十八回映画アーベント」に続いて「第二回アサヒ・コーラス団発表演奏会」の案内が次のように記されている。

午後七時より、公演場（主催朝日新聞社会事業団）▽アサヒ・コーラス団年一回の発表演奏会で本年は特に大曲のみを選び、独唱はサンカルロ・オペラのテナア名歌手ロイヨ氏、ピアノはショルツ氏（管弦楽）宝塚交響楽団六十名（指揮）ヨセフ・ラスカ氏（合唱）アサヒ・コーラス団（賛助出演）神戸女学院音楽部員【プログラム】　1　合唱と管弦楽「テデウム「ママ」」本邦初演、2　ピアノ・コンチェルト（ショルツ氏）ピアノ協奏曲第四　ルビンスタイン曲、3　独唱＝マリオ・ロイヨ氏（イ）歌劇「トスカ」より（ロ）歌劇「リゴレット」より、4　合唱＝管弦楽伴奏（イ）歌劇「ニウルンベルグの名歌手」より（ロ）歌劇「カルメン」より＝（指揮）ラスカ氏　（合唱）アサヒ・コーラス団　（管弦楽）宝塚交響楽団　（独唱者）ソプラノ＝野崎住子、アルト＝加藤貞子、テナア＝ロイヨ、バス＝ポオツクレバエフ、ピアノ独奏＝ショルツの諸氏【入場料】A券二円、B券一円

念願の演奏を実現できた喜びはラスカにとって格別のものであったらしい。翌月の九日、彼はマックス・アウアーに宛てて、次のように報告している。

敬愛するアウアー教授　本年一月二十六日、ついにブルックナーの《テ・デウム》が大阪で私の指揮により演奏されました。大成功でした。写真やプログラム、ポスター、英字新聞における批評は、ご自宅のご住所にお送りいたします。このすばらしい作品を日本の人々の前で演奏することがついにできて、私がどんなに嬉しく、幸せであったかは、とても言葉では言い表しえません。

ラスカがアウアーに送った《テ・デウム》日本初演の写真
（オーストリア国立図書館音楽部門蔵）

ここで挙げられている「写真」であるが、実はオーストリア国立図書館音楽部門の所蔵となっていることを最近知ることができた。厚紙のカバーがかけられており、そこにはラスカの筆で「マックス・アウアー教授へ　謹啓　ヨーゼフ・ラスカ　一九三五年二月二六日　宝塚／日本」と記されている。写真本体の外側下方の部分には「アントン・ブルックナーの『テ・デウム』日本における初めての演奏　大阪　三五年一月二六日　ヨーゼフ・ラスカ」と記入されている（上掲及び本書カバー写真）。これは明らかに演奏中に撮影されたもので、ラスカは左足を前に突きだしながら指揮し、四人の独唱者たちはオーケストラの後方に位置している。その後ろには（本来のパイプ・オルガンの代わりに）リード・オルガンが設けられており、アサヒ・コーラスの団員たちが楽譜を手に懸命に歌っている姿が見える。

こうして「大成功」に終わったのであるが、ラスカはこの演奏会の曲目について、十分に満足していたわけではなかった。マックス・アウアーへの手紙の続く部分に、彼はこう記している。

私は次にはブルックナーのレクイエムに取りかかりたいと思っております。しかし私は当時［国際アントン・ブルックナー協会の］会員への年間特典として送られたこの作品のスコアを今なお手に入れていないのです。そのことについて、あなたからご助力をいただけないでしょうか？

ラスカはこの手紙においてもなお「特典」へのこだわりを記している。つまり本来的には《テ・デウム》と《レクイエム》というブルックナーの二つの宗教音楽を並べて演奏してみたかったらしいのであり、イタリア・オペラのアリアなどを取り上げざるをえなかったことについては不本意に思っていたらしい。タイプライターで書かれたこの手紙の、手書きによる追伸に、そのことがにじみ出ている。

ブルックナーはプログラムの組み立ての内容についてきっと私を許してくださるでしょう

――いずれにしても天国にいる彼は、私がこうした条件を受け入れざるをえなかったこと、こうでもしなければそもそも演奏会がまたもや開かれなかったであろうことを、きっとご承知くださると思います。

《テ・デウム》の演奏が終わった後、ラスカは同年三月十六日の定期演奏会においてベートーヴェンの交響曲第三番「英雄」他を、五月十一日の神戸での演奏会においてベートーヴェンの交響曲第六番「田園」他を指揮した。そして六月二十二日の第一一二回定期ではハイドンの交響曲第八八番やラロの《スペイン交響曲》などを指揮したが、この演奏会が彼にとって宝塚との、また日本における、最後のオーケストラ・コンサートとなったのである。

第五章　神戸女学院、貴志康一、そして山田耕筰

神戸女学院での教育・演奏活動

ラスカの日本での活動のうち、最も中心的であったのは、以上に見てきた宝塚交響楽団における指揮者の仕事であった。もちろん宝塚音楽歌劇学校における教授としての勤務も、彼の日常的な生活の基盤となっていたはずであるが、それが具体的にどのようなものであったのかについて解明することは、今のところ、ほとんど困難である。しかしながら、彼にとってもう一つ、重要な拠点があった。神戸女学院である。

ラスカと神戸女学院との関わりを示す最初期の資料として、同校の同窓会誌『めぐみ』の一九二

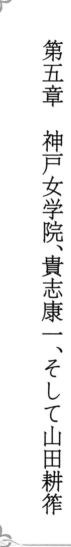

四（大正十三）年十二月三十日発行の臨時号に掲載された「音楽部の此頃」と題する次の記事がある。

…社界［ママ］奉仕を音楽でとの意気込で此頃はロシヤの管弦楽者ラスカー［ママ］氏が楽聖モツアートのオラトリオを神戸市にきかせんとの熱心に動かされて、其ソプラーとアルトを引受け大学部、高等部の有志者をも加へて、毎金曜日四校時にはクラシツクなラテン語の歌を心血を注いで練習して居ます…（神戸女学院所蔵の手書き資料「Josef Laska 氏消息」による引用。）

モーツァルトの「オラトリオ」とは、おそらく別の名前の宗教音楽であろうが、どの曲のことであろうか。また、この練習で目指していた音楽会がいつどのように行われたかについても不明であるが、ともあれこうして神戸女学院との関わりが始まった。そして翌二五年十二月五日の午後七時半からは、同学院の講堂で「ヘンデル　バッハ　ベートーヴェン　作品音楽会」が開かれ、ラスカは最初のステージでヴァイオリンのシュルツとともに、ヘンデルのヴァイオリン・ソナタ第六番を演奏した。その時のプログラムには「出演者　神戸音楽協会々員　主催　神戸女学院音楽部」と記されている。

さらに一ヶ月後の一九二六年一月十六日にもやはり同じ場所で「シューベルト　シューマン　ブラームス　ショパン作品音楽会」が開かれ、ラスカは前半で、ヴァイオリンのシュルツと共にシューベルトの《ヴァイオリン・ソナタ》作品一三七の二を、アルトのグレイヴス嬢と共にシューマンとブラームスの歌曲を演奏し、後半では、ショルツとのピアノ二重奏で、シューマンの《コンツェルトシュトゥック》作品九二を、さらにソプラノのウェルウッド夫人とともに、ブラームスとシューベルトの歌曲を演奏した。主催は神戸女学院音楽部であるが、もはや「出演者　神戸音楽協会々員」の記載が見られないから、この時から女学院主体の演奏会となったのかもしれない。さらに、ラスカは三月六日七時半からの「ロシヤ音楽大演奏会」や、五月八日夜八時半からの「仏蘭西《フランス》西班牙《スペイン》　音楽演奏会」にも出演している。

もちろん以上は筆者の手元にある資料に基づくかぎりであり、この他にも演奏会が開かれていた可能性は十分に考えられる。ラスカは一九二八年四月に神戸女学院に「楽式論、合唱、管弦楽、対位法」（同学院の人事関係資料に記載の科目名）の教員として採用されたのであるが、それはこのような演奏会活動を通じてのさまざまな関わりのなかで、同学院の信頼を得ていったことによるものと言えよう。

ラスカは神戸女学院に着任後、恒常的にクラシック音楽の演奏者仲間を得たこともあって、Club Concordia と称する音楽会組織をリードしていくようになった。このクラブがラスカによって創設されたものであるか否かは定かでないが、早くも同年五月二十三日の午後八時半から開かれた演奏会では、ドイツ語のプログラムに〈KOMPOSITIONSABEND［作品の夕べ］／JOS. LASKA〉と題されているように、ラスカ自身の作品が特集された。最初にシベリア時代の《三つの歌曲》〈夢の森〉〈まどろみの歌〉〈戦慄〉がオルガ・カラスロワ夫人の独唱とラスカのピアノで演奏され、次いでレヒナーの独唱とラスカのピアノによって歌曲が三つ、神戸女学院のピアノの教授であるフツィエフ夫人のピアノで変イ長調と二短調の小品、さらに再びカラスロワ夫人の独唱とラスカのピアノで《万葉集歌曲》全五曲が演奏され、最後に再びレヒナーの独唱とラスカのピアノで歌曲が三つ演奏された。

Club Concordia は同年のうちにも引き続き開催されたものと推測されうるが、筆者が持っている次の資料は二九年十二月七日の演奏会のもので、ラスカの歌曲《万葉集歌曲》より〈あこがれ〉と〈雨の歌〉が野崎住子のソプラノとラスカのピアノで演奏されたほか、フツィエフ夫人によってラスカのピアノ曲《フモレスケ》や、ショパンの変ロ短調ソナタ、ラヴェルの《水の戯れ》、リストのソナタが弾かれ、盛りだくさんの演奏会となった。

そして三〇年一月二十五日ならびに三一年一月二十九日の Club Concordia では、宝塚交響楽団のコンサートが行われ、モーツァルトの歌劇の序曲などの他、いずれの会においてもハイドンの交響曲第一〇一番「時計」が演奏された。ハイドンのこの曲は二九年一月十九日の宝塚交響楽団第五二回定期演奏会で取り上げられていたから、三年連続の演奏ということになる。なお三一年の演奏会のプログラムには、客の入りがよければ、三月にも四月にも演奏会を開く予定であることが、日付も含めて記されているが、これらの演奏会が実際に開かれたかどうかについては、残念ながら確認が得られていない。

その後、三二年二月六日に、Club Concordia としてではないが、「ヨーゼフ・ラスカ作品の夕べ」が開かれ、《百人一首より七つの短歌》や、ラスカの初期の作品が演奏された。さらに同年十二月九日には「北海道の洪水の被災者たちを援助するために」「グランド・コンサート」が開かれ、ここでもラスカの歌曲がいくつか取り上げられている。

Club Concordia に続いて、三三年一月二十八日、神戸市下山手通五丁目にあった神戸教会において新しい演奏会のシリーズが開始された。Musica Sacra と称する催しで、このときのプログラムに、ラスカは次のような挨拶文（原文は英文）を記している。

この暗い時代の日々にあって悲しい思いをしている人々、あわただしく過ごしている人々、また疲れを感じている人々の心を休ませるために、演奏会を催すこととなりました。この演奏会には何人かのプロの音楽家たちとともにアマチュアの音楽家も参加することになりましょう。入場料は無料です。Musica Sacra という会の名称は教会音楽だけの演奏を意図するものではありません。敬虔な内容のものであれば一般の作品も取り上げる予定です。とりわけ中世西洋の歌曲や合唱作品に、また人々に親しまれている音楽に重点を置くつもりです。悲しみや差別

愛犬家でもあった日本滞在中のラスカ

を取り払ってくれる音楽の力を信じる方々には、ぜひとも私共の演奏会を支えて下さり、ご出席もいただけますよう、一同心よりお願い申し上げます。また神戸教会には会場ならびに楽器をお貸しいただき、厚く御礼申し上げます。

こうして第一回の演奏会では、ブルックナーの《オルガンのための前奏曲とフーガ》ハ短調や、ペルゴレージの《サルヴェ・レジーナ》などの曲目が含まれ、プログラム中には興味深いことに、ラスカによる「祈祷」の時間も設けられた。

第二回は三三年三月十七日、第三回は同年五月二十七日、第四回は同年十一月十五日（ペルゴレージの《スターバト・マーテル》全曲が演奏された）に行われ、十二月二十日に開かれた第五回ではペーター・コルネーリウスをはじめ、種々の作曲家によるクリスマスの音楽が演奏された。第六回は三四年三月五日、第七回は同年六月二十六日に開かれ、三五年六月十五日と二十九日に開かれた第八回ならびに第九回ではバッハの《トッカータとフーガ》ニ短調や、《ミサ曲》ロ短調からの一部、シュッツの《詩編第四十二篇》、バッハの《マタイ受難曲》やヘンデルの《メサイア》からの一部などが取り上げられた。このMusica Sacraにおいても、大半の演奏会において神戸女学院から女声合唱や教員の独奏、独唱などの参加が見られたのである。ラスカが日本を去ったのはこの年の十月初めのことであったから、彼は神戸女学院と共に、宗教音楽の普及と向上に最後まで尽力したということができよう。

以上の演奏会の活動が続けられている間に、神戸女学院では大きな事業が展開されていた。神戸の山本通りから、現在の西宮市岡田山への移転が行われ、一九三三年四月、新校舎での授業が開始されたのである。ここでさらに教育活動を続けたラスカの姿について、『私たちの学生時代　神戸女学院のものがたり』（一九九九年）にいくつかの記録が見られる。当時の学生さんたちの声を聞いてみよう。

…次にドイツ人のラスカ先生が来られました……先生は日本にオーケストラのないのを嘆いておられました。当時関西では宝塚歌劇にそれらしいものがあったきりでしたから。音楽部ではコーラスの指揮をして下さいました。また音楽部の高等科ではオーケストレーション、コントラプンクト（対位法）の講義をされましたが、オーボエもクラリネットもその他オーケストラに使う楽器は何も音楽部内になく、先生は自分のお声で音を出して教えて下さいました。串

神戸市山本通の神戸女学院音楽館の前で
(最前列右から２番目がラスカ、最前列中央がフツィエフ夫人、1933年３月　卒業演奏会を終えて、古川知子氏提供)

しわけない気がしました。（一九二九年卒業の硲《はざま》（旧姓津川）直子さん）

…先生方は皆さん日本とアメリカの有名音楽学校で学ばれた方ばかり、そしてちょうどそのころロシア革命で、かなり多くの方々が神戸にも亡命されたおかげで、ピアノとソルフェージのフツエフ先生、コーラス、オーケストレーションなどのラスカ先生が先生になってくださいました。やはりクラシックはあちらの土地に生まれ育ったもので、日本人にはないものがあり、それを立派な先生に教えていただき、お互い、日本語と英語のたどたどしい片言ながら、幸いにことが音楽なので随分大切な、歌う音楽、音の出し方などを自然にたくさん教えていただき、皆がよりよい音楽を作り出せるようになったことは否めません。

（一九三二年卒業の中山（旧姓真鍋）道子さん）

…主事は藤田先生、受け持ちは安東先生、ピアノはフッエフ、廣田両先生を始め卒業生の先生方、声楽は野崎先生でした。コーラスは全学年が一堂に集まって素晴らしいラスカ先生の指導で、器楽とまた違った感動を受けました。他の学科は英文科と合同もあり、あまり忙しくありませんが、週二回のピアノレッスンではときに泣き泣き退室も体験しました。

（一九三六年卒業の藤村（旧姓瀬戸）鈴さん）

他にもラスカの指導による合唱の時間が楽しかったことを何人かの卒業生が証言している。また、その頃の学生で、母校の教師を務めた後、現在は米国イリノイ州スコウキーに在住のピアニストの那須美恵子さんは、ラスカがとても優しく茶目っ気のある人で、彼が冬のある日、電車の中の曇ったガラス窓に指で「ヨセフ　ラスカ　タバコ　スキ」と書いたというエピソードを語ってくださった。また家庭のことについても、「ワタシノ奥サンイイ人アリマス。何モシマセン。ダケ散歩［＝散歩ダケ］」と語ったりしたこともあるという。

実は当時ラスカには、第七章で引用する新聞記事にも見られるように、ロシア人の妻がいたのである。ただ、詳細についてはあまりに情報が乏しく、ここでは深入りしないでおこう。

ラスカ（右から二人目）らと大阪中央放送局に出演の野崎住子さん（1933年1月）

学生たちに続いて、次に、ソプラノ歌手として関西で活躍していた野崎住子さんの証言を紹介しておこう。野崎さんも神戸女学院の学生時代にラスカの指導を受け、才能を高く評価されて、すでに紹介した神戸女学院での演奏会はもちろん、宝塚交響楽団の定期演奏会などにおいても、ラスカの声楽作品の独唱を担当した。野崎さんは一九七〇年まで母校の教授を務め、二〇〇八年のクリスマスを前に一〇四歳という高齢で亡くなられたが、筆者が一九九九年八月十二日に浜松近郊のゆうゆうの里にお尋ねした際に、ラスカの思い出を語ってくださった。以下にそのときのインタビューから一部を紹介させていただこう。（「　」は野崎さん）

――ラスカ先生っていうのはどういう感じの人でした？　性格とか雰囲気とか、やさしい人でしたか？

「やさしい人ですよ」

――ああ、そうですか

「うん、ほんと」

――じゃあ、演奏していて、あの、ガミガミとか…

「叱られたりなんかしたことないですね」

――じゃあ、お上手だったんじゃないですか。

「あの、うるさくなかったですね。なんか、もう自分で演奏してこういうふうに歌え、って言ったらその通りで」

――ああ、そうですか。ラスカ先生、ピアノもお上手だったんでしょう？

「ああ、ピアノ上手でしたよ。みな、ピアノで教えてくだすってたんですよ」

――でも、新しい作品が多かったですよね？

「そうですねえ」

――だから、ラスカ先生がピアノで弾いて…

「そうそう」

大阪朝日新聞

大阪朝日 神戸版

天才を見出されて
紐育の本舞台へ
神戸の生んだ聲樂家野崎住子孃
十日告別演奏會を開く

野崎住子さんニューヨーク・デビューを告げる記事
（大阪朝日新聞神戸版 1928 年 3 月 7 日）

――こういうふうに歌ってくれとか、おっしゃった？

「そうですね」

――ではそういうのを一生懸命勉強して、ラスカ先生がこうやってくれっていうのを聞きながら一生懸命、初めて演奏なさったわけですね。

「うん、そうですね。新しい曲よく歌いましたね。だからあたし、譜よむの早かったと思いますけど。もうあの、なんかねえ、始めの出方がね、音がとれないようなねえ……」

「あの、なんか、オーケストラと一緒のときでね、オーケストラがちょっと始めに出るので、その中の音でもってあたしが出るのが、気が気でなかった（笑）」

――でも、野崎先生のお耳がよくてね、すぐこう、その通りに歌うことができるから、信頼されていたんではないですか？

「もう今はもう駄目です」

――いいえ

「あー、みんなこれは思い出ですね…こんなのお持ちですか？」
――いいえ、持っておりません
「もしよかったらお持ちください。どうせあたしは命短いし…」
――いえいえ、大事なものでしょうし
「いえ、よかったらこれ、あの」
――よろしいんですか？
「はい、どうぞどうぞ」

野崎さんは、すでに右の耳はほとんど聞こえないとおっしゃっていたが、若い頃に名歌手のほまれが高かったことを思わせる、とても滑らかな美声で、六〇年以上も前の記憶を懸命に辿ってくださった。彼女が私にくださった「大事なもの」とは、野崎さんが出演した演奏会についての新聞記事の切り抜きで、彼女の活躍ぶりと当時の楽壇状況を伝える貴重な資料である。

貴志康一への指導

以上に見てきたように、ラスカはさまざまな音楽家たちと精力的な活動を展開していたことがわかるが、しかし、それらの人々との個人的な関わりについては、彼の手紙も、他の人々からの彼への手紙も、ほとんど残されていないため、探求することはきわめて困難である。しかし、貴志康一との関係については、わずかながら事態を掘り起こすことが可能であろう。

作曲家、ヴァイオリン奏者として、また映画制作等さまざまな芸術活動においても天才的な才能を発揮しながら、わずか二十八歳で生涯を閉じたこの大阪生まれの音楽家は、一九二六（大正十五）年、十七歳のときにスイスに留学し、その後も三十年代中ごろまで三回にわたってベルリンに滞在した。それに先だち、貴志は一九二三年九月から、神戸在住のロシア人音楽家、ミハイル・ヴェクスラーよりヴァイオリンの指導を受けていた。ヴェクスラーは高名なレオポルド・アウアーの弟子であった人物である。しかし後に貴志はラスカのレッスンも受けることになった。

そのレッスンがいつ始められたかをはっきり示す資料は見あたらないが、ラスカが貴志について記したある文書に「貴志さんは学生で、年額一円を納入し、オーストリア音楽歌唱連盟の正会員となっています。宝塚にて、一九二五年六月二十三日」という表記が見られ、この時までには少なくとも知り合いになっていたことがわかる。この文書は右肩に頁数と思われる13という数字が施されており、裏にはJos. Laskaというラスカの名前と「連盟日本代表委員」を意味すると思われるBundesrat für Japanという自署、さらにBUNDESGRUPPE／JAPAN／ÖM u SBという文字によるスタンプ印字（オーストリア音楽歌唱連盟日本支部の意と判じうる）が見られ、ラスカがヨーロッパにむけて記した、貴志のための推薦状の最後の頁であったのかもしれない。
また、年は不明であるが、「芦屋、八月二十五日」の日付のある英文の手紙が残されており、そのなかで貴志はラスカに宛てて、以下のようなことを書いている。

ヴェクスラーさんから聞いたのですが、あなたはヴァルトシュタインさんや他の人たちに、私がヴェクスラー先生に不満を覚えているとか、二年にわたってレッスンを受けても進歩がなかったとか、ヴェクスラーさんには私を教える資格がないとしゃべったとか言いふらされたようですが、私は自分の先生について、あなたや他のどの人にたいしてもけっしてそのようなひどいことを言った覚えはありません。ヴェクスラー先生には十分に満足しているのですから…

この手紙の内容について、事実関係を確認することは困難であろうが、「二年にわたってレッスンを受けても」の部分から、この手紙が書かれた年は、一九二五年ということになろう。
さらに、もう一つのドキュメントとして、「宝塚少女歌劇学校内　ジョセッフ　ラスカ様　Mr. J. Laska」との宛名が記された貴志の英文の葉書も残されている。「芦屋、十二月十四日　親愛なるラスカ先生　今週の木曜日はドイツ語の試験がありますので、次回の水曜日の対位法のレッスンは休ませてください。敬具　貴志康一」という内容で、この葉書（消印はなく、投函されなかったらしい）

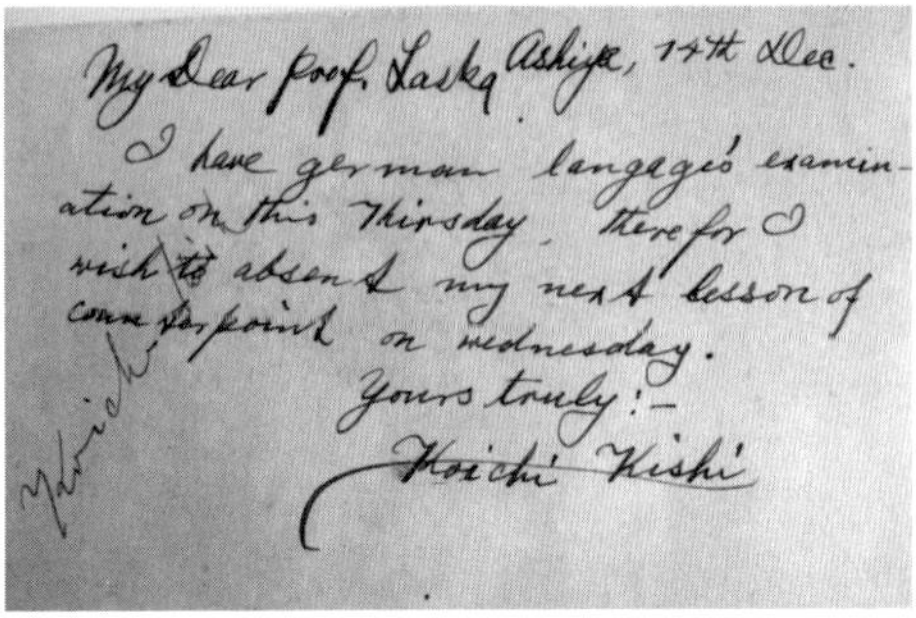
My Dear Prof. Laska Ashiya, 14th Dec.
I have german langage's examination on this Thirsday. there for I wish to absent my next lesson of counterpoint on wednesday.
Yours truly:-
Koichi Kishi
Koichi

ラスカに宛てて書いた貴志康一の葉書
（学校法人甲南学園貴志康一記念室蔵）

も年の記載がないのであるが、「ドイツ語の試験がある」という記述から、甲南高等学校高等科文科乙類（「乙類」は外国語としてドイツ語を選択）に入学した一九二五年に記されたものと言えよう。

　こうして貴志はラスカに、遅くとも一九二五年の六月には出会い、遅くとも八月までには彼のレッスンを受け始めていたものと考えられる。レッスンは翌二六年に入ってからも続いたことが想像されうるが、貴志はこの年の十二月九日に、神戸港からジュネーヴにむけて出航した。

　ジュネーヴに赴いた後もラスカとの関係は保たれていた模様で、貴志は一九三二（昭和七）年一月二十日に大阪・朝日会館で開かれた宝塚交響楽団第八四回定期演奏会に招かれ、ラスカの指揮のもとに、メンデルスゾーンのヴァイオリン協奏曲のソロを演奏している。また、三三年六月には《日本組曲》と題する作品の作曲に着手しているが、ラスカも同じタイトルの曲を同年の夏に書き上げており、そこには同時代としての共通の背景があったことも推測されよう。

山田耕筰と宝塚

本章の最後に、山田耕筰についても触れておこう。興味深いことにラスカはこの同年生まれの日本人作曲家に早くから注目していたことが、彼の著述において示されている。すなわち、彼は一九二九（昭和四）年二月に執筆し、翌年ウィーンで開かれた世界音楽歌唱連盟の会議において行った講演の原稿となったと思われる「日本におけるヨーロッパ音楽と、日本音楽に対するその関係」と題する著述（巻末「ラスカの著述より」を参照）の中で、「山田は日本の最も優れた音楽家であり、彼は日本の旋律をヨーロッパの形式の鋳型に新たに流し入れ、両者から一つの新しい統一体を作るという考えに向けて、自分の全精力を傾注している」と記しているのである。さらにラスカは「日本の作曲家たちは、彼らの旋律にヨーロッパの和声を施し、ヨーロッパ的楽器法の衣裳をまとわせる可能性を追求し、これを完璧に利用することに大

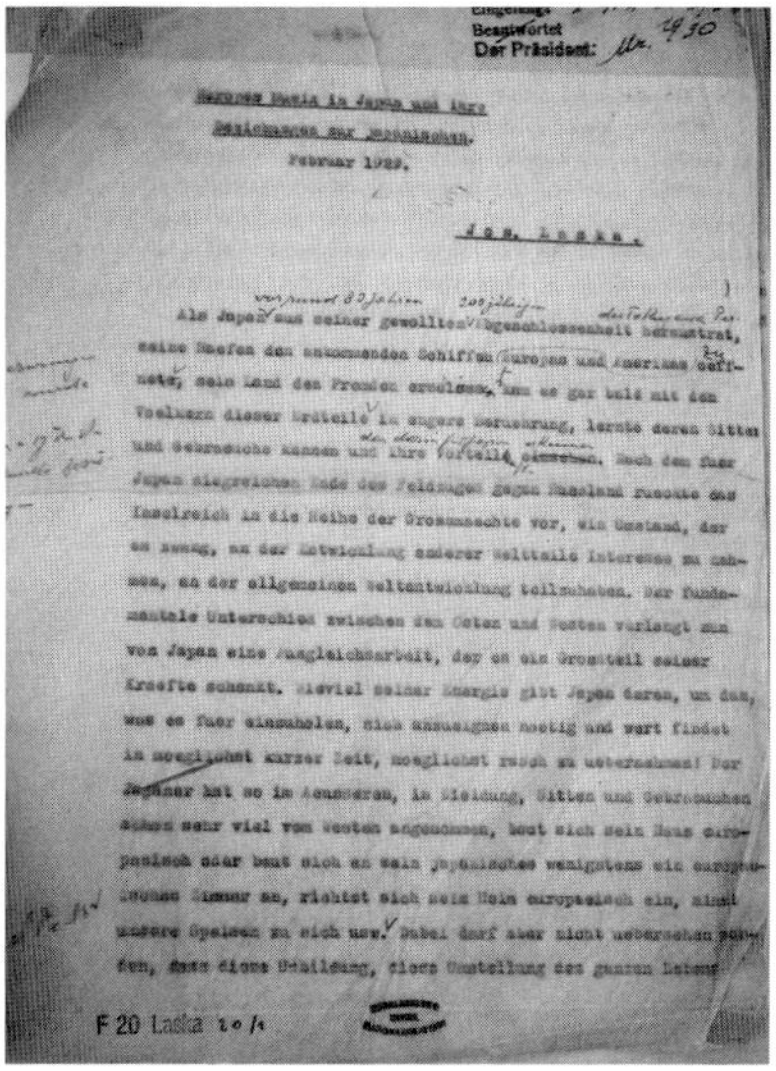
Beantwortet
Der Präsident:

Februar 1929.

Jos. Laska.

Als Japan aus seiner gewollten Abgeschlossenheit heraustrat, seine Haefen den ankommenden Schiffen Europas und Amerikas oeffnete, sein Land den Fremden erschloss, kam es gar bald mit den Voelkern dieser Erdteile in engere Beruehrung, lernte deren Sitten und Gebraeuche kennen und ihre Vorteile schaetzen. Nach dem fuer Japan siegreichen Ende des Feldzuges gegen Russland rueckte das Inselreich in die Reihe der Grossmaechte vor, ein Umstand, der es zwang, an der Entwicklung anderer Weltteile Interesse zu nehmen, an der allgemeinen Weltentwicklung teilzuhaben. Der fundamentale Unterschied zwischen dem Osten und Westen verlangt nun von Japan eine Ausgleichsarbeit, der es ein Grossteil seiner Kraefte schenkt. Wieviel seiner Energie gibt Japan daran, um das, was es hier einzuholen, sich anzueignen noetig und wert findet in moeglichst kurzer Zeit, moeglichst rasch zu uebernehmen! Der Japaner hat so im Aeusseren, in Kleidung, Sitten und Gebraeuchen schon sehr viel vom Westen angenommen, baut sich sein Haus europaeisch oder baut sich an sein japanisches wenigstens ein europaeisches Zimmer an, richtet sich sein Heim europaeisch ein, nimmt unsere Speisen zu sich usw. Dabei darf aber nicht uebersehen werden, dass diese Umbildung, diese Umstellung des ganzen Lebens

F 20 Laska

ラスカの1929年2月執筆論考の原稿
（オーストリア国立図書館音楽部門蔵）

きく成功している。その点で最も豊かな天分の持ち主は、すでに触れた山田耕筰である。彼はドイツで音楽の研究をした人である。彼は彼の純粋に日本的な旋律を明らかに印象主義的と言えるような環境へ、つまりドビュッシーの音響世界へともたらしている」と述べて、山田を高く評価している。

このことが直接作用したかどうかは断言し得ないにしても、後に山田は宝塚交響楽団の第八六回定期演奏会に指揮者として初めて招かれ（一九三二年三月）、ラスカが日本を離れた後の一九三六年まで、毎年登場した。一般にオーケストラにおいて、常任指揮者の判断なしに、外部の人物が指揮者として招かれることはありえないから、山田はラスカの高い評価のもとに、宝塚での仕事を続けたと考えてよいだろう。またその間に山田は、一九三三年八月、宝塚少女歌劇団に入団し、声楽と作曲の講師に着任している。そして同月号の『歌劇』に山田は、「宝塚と私の結婚の挨拶」と題し、「宝塚がよりよき音楽を大衆に与へやうとすることは、それは、とりも直さず山田が平素から念願してゐるものと、同じ事なのだから――」、「本当にい、国民的オペラを築き上げたいといふ山田の希望は、また、やがて宝塚の宿題でもあるからだ」と記し、宝塚少女歌劇と自身の芸術の理念の重なり合うところを強調している。

残念ながら、ラスカと山田との直接的な交流を示すドキュメントは、今のところ得られていない。しかしこれからの、例えば山田側からの研究により、思いがけないつながりが浮かび上がってくるかもしれないことを、淡い希望として残しておきたい。

第六章　作曲家ラスカ

♪《イタリア》

すでに繰り返し触れてきたように、ラスカは学生時代から作曲活動を旺盛に行っていた。そこで本章では、彼の音楽作品からいくつかを紹介することにしよう。

まず無伴奏混声合唱曲《最後に来るのは死》や三集からなる《青年時代の歌曲》については第一章で触れたが、音楽院を出て指揮者になってからの作品のうち、《イタリア（八つの歌曲）》は特に注目に値しよう。ラスカがリンツで指揮者を務めていた一九一一年五月に書かれた曲で、第四章で述べたように、一九二九年一月の宝塚交響楽団第五二回定期演奏会において、前章で紹介した野崎住子さんの独唱とラスカのピアノにより初演された。楽譜資料は自筆譜がリンツのアントン・ブルックナー私立大学に所蔵されているが、野崎さんが所属していた神戸女学院には残されていないようである。作詞者のカール・アルノ（Carl Arno）については不明であるが、《最後に来るのは死》の作詞者も同一人物であったから、彼はあるいはラスカの友人だったのだろうか？ ともあれこの作品は〈ヴェネツィア〉〈ヤニクルスで〉〈パラティヌスの丘で〉〈ザビニの女〉〈ヴェスヴィオ山にて〉〈アンティウム〉〈ポンペイ〉〈アッピア街道で〉の八曲からなり、詩人がまずは北イタリアのヴェネツィアを訪れ、ローマやポンペイを旅しながら、いにしえを想うとともに、南国の女性たちへの恋の情念にもとらわれていくという構成をとっており、二十代前半の若者であったラスカの情熱あふれる後期ロマン派風の作品となっている。

シベリアにおける捕虜時代の作品

ラスカはプラハでツェムリンスキーのもとで副指揮者を務めていたときに第一次世界大戦が勃発し、オーストリア軍将校として応召したが、一九一六年八月十日、ロシア軍の捕虜となった。そして多くの収容所を転々とさせられたのであるが、すでに述べたようにそうした日々においても曲を書き留めていくことができたらしい。それらの作品は現在、オーストリア国立図書館音楽部門に所蔵されている二つの自筆楽譜集に見ることができる。これらの資料のうち《シベリアにおける捕虜時代の作》と題された曲集は、いずれも大きさは同じだが二十四段、二十二段、また歌曲譜（歌＋ピアノ）などのさまざまな種類の縦長の五線紙を重ねて綴じたもので、扉頁に収録曲名が列挙されている。またもう一つの資料はピアノ曲をまとめたもので、収録曲の範囲は一九一〇年から一九三〇年までとなっており、したがって大戦以前の作品も日本に来てからの作品も含まれている。以下にこれらの資料から捕虜時代の作品を簡単にたどっておこう。

《とても静かになって…》自筆譜
（オーストリア国立図書館音楽部門蔵）

まず一九一六年には、イヴァノヴォ・ヴォズネセンスクにて二つの男声合唱曲が書かれた。第一曲はゲーテの詩による〈野ばら〉で、楽譜を見ると八分の六拍子で明らかにヴェルナーの歌曲の編曲であることがわかる。楽譜の末尾には上記の地名と「一九一六年十一月二十一日」という日付も記されている。第二曲はシラーの詩による〈騎士の歌〉で、日付は翌二十二日となっている。

翌年の一月十日にはザクスルという人の詩

によるリート《とても静かになって…》変イ長調が書かれている。このリートは戦争のために故国から遠い地方にあって、寂しい別れをしなければならなかった恋人への思いを歌い上げていて、短いながら高揚感にもあふれ、感動的な曲である。

ラスカはこの後、モスクワの北東の収容所から極東の黒龍江河畔の町に移された。資料にはさきほど挙げた男声合唱曲に続き、ヒエロニュムス・ロルムの詩による〈世のなりゆき〉とハインリヒ・ロイトホルトによる〈落ち葉〉が記されていて、末尾にはいずれも「ブラゴヴェシチェンスク、一九一七年三月十日」とある。すなわち、ラスカは真冬のシベリア大陸を西から東まで何千キロも移動させられたことになるのだが、どのような状況であったのだろう？　新しい収容所での二曲もいずれも無伴奏の形であり、捕虜仲間と楽しむために書かれたのであろうが、これらがラスカ自身による作品なのか、それとも別の人物による作品の編曲であるのかは、不明である。

ラスカはさらに翌一九一八年には、ハバロフスクを経て、イルクーツクに移されていった。そしてここで年を越した後に書かれたのが《三つの歌曲》である。この曲集は、まず第二曲〈まどろみの歌〉（歌詞：モンベルト）が一九一九年一月に書かれ、第一曲〈夢の森〉（歌詞：モルゲンシュテルン）が三月十九日に、そして第三曲〈戦慄〉（歌詞：モルゲンシュテルン）が七月に書かれた。この曲集は前章で記したように、一九二八年五月二十三日に神戸で開かれたClub Concordiaの演奏会でカラスロワ夫人の独唱とラスカのピアノにより演奏された。このときのプログラムには、〈夢の森〉と〈ま

譜例１

どろみの歌〉が一九二五年十月にウィーンで開かれた歌曲作曲コンクールで入賞したことが注記されている。

ところで、この曲集において顕著な特徴となっているのが、全音音階の使用である。印象主義の音楽の最も重要なメルクマールの一つとなっているこの手法を、ラスカは、その経路は不明であるが、すでにシベリア時代に知っていたと言えるだろう。例えば最初の曲〈夢の森〉を見ると、ピアノによる前奏が、すでに全音音階的なフレーズで形成されていることがわかる。上声部ではニ音と変ロ音との間の何回かの揺れの後に変ロ－ハ－ニ－ホという上昇が始まり（第5小節）、次の第6小節で嬰ヘ音に到達する。また左手には、持続するホ音の上に、ニ－ハ－変ロ－嬰ト－嬰ヘという下降のフレーズ（第4－6小節）が見られる（譜例1）。このあとに始まる歌のパートについても、そして、ピアノの前奏が戻ってくる第23小節以下の部分にも、数多くの全音音階的楽句が見られ、このような手法により、まさに「夢の森」の遠さが表出されているのである。歌詞は以下のような内容である。

鳥は目を閉じ、木の上で眠りに沈んでゆく
森は夢に転じ、深くそして厳かとなる
月が静かに昇る
小さな喉が力なくさえずり、森のどこにも揺れる木の葉はない
遠くに響く、遠くに、遠くに星々のコーラスが

《三つの歌曲》が書かれた一九一九年には、すでに第一次世界大戦は終わっていたのだが、その年のうちにラスカは、今度はウラジオストクに移された。後に『シンフォニー』の第一一号（一九三四年六月二十三日）一九頁に掲載された「ヨセフ・ラスカ略歴」には「一九一四年七月世界大戦に祖国墺太利のために立ち、予備少尉として召集され露国々境に送られた。一九一六年八月俘虜《ふりょ》となってシベリアに送られ一九二〇年の始めまで過ごした。一九二〇年から一九二三年までウラジオストクの音楽学校の教授であり指揮者であった」と記されているが、実際にこの「音楽学校」についても、この地でのラスカの活動についても、裏付けとなる資料は今のところ見つかっていない。ウラジオストク時代の作品としては、《三つのピアノ小品》の第一曲ハ短調（後に一九二九年に改訂）や、《ピアノ小品　ニ短調》の第二楽章がいずれも一九二〇年の作品として、また《ピアノ小品　変ホ短調》が、「一九二二年五月三〇日」の日付を持った作品として残されている。

♪《父の愛》

この後、ラスカの作品は日本に来てからのものとなるが、来日した一九二三年についてはどうやら作曲を行う余裕があまりなかったと見られ、残されている資料にこの年の日付を持つ作品は見あたらない。

しかし翌一九二四（大正十三）年、ラスカはバレエ＝パントマイム《父の愛》の管弦楽ヴァージョンを完成させた。これは彼がプラハのドイツ劇場に勤めていた一九一四年に書き始められたもので、その段階ではピアノ譜のみが書かれていた（自筆譜がオーストリア国立図書館とウィーン図書館に残されている）が、十年後に日本において宝塚少女歌劇の専用五線紙を使ってオーケストラ譜に書き上げられた（自筆譜がウィーン図書館に残されている）。この曲はその後も上演されたという記録が残されて

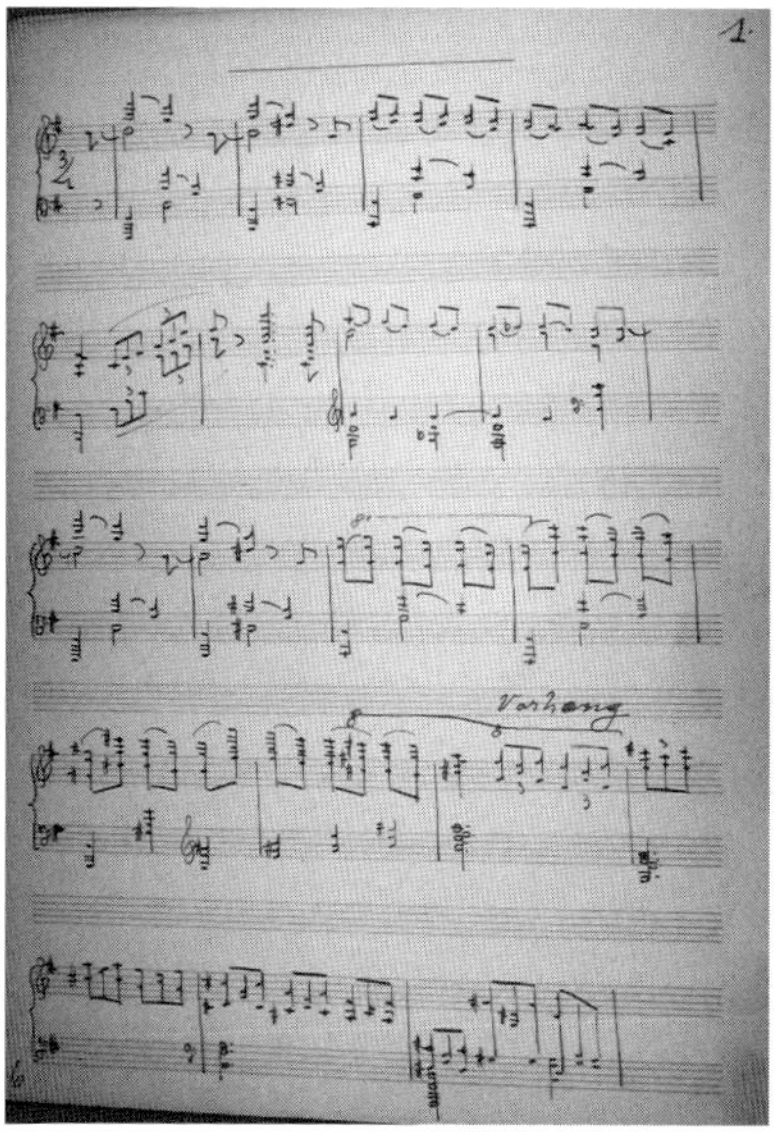

《父の愛》自筆ピアノ譜冒頭頁
（オーストリア国立図書館音楽部門蔵）

いないため、私は二〇〇二年から大阪大学二十一世紀ＣＯＥプログラム「インターフェイスの人文学」の分担テーマ「映像人文学」への一つの寄与としてこの作品の舞台芸術としての初演を企図した。この仕事はかなり大がかりなものとなったが、まず二〇〇三年六月にオーケストラ総譜の演奏を神戸女学院音楽学部管弦楽団によって中村健教授の指揮により実現していただき、次いでスコアをコンピューターに入力した形での音源をもとに、二〇〇四年一月、兵庫県尼崎市のピッコロシアターにおいて、大阪芸術大学舞台芸術学科の皆さんによりバレエ上演していただいた。これは三十分ほどの作品で、父ピエロはリスベットと婚約しているが、実は彼女は息子ピエロと恋仲になっている。婚約披露宴のときに二人のそうした思いが父の知るところとなるが、彼は息子に彼女を譲り、切ないハッピーエンドとなる、というあらすじである。この研究プロジェクトは二十世紀初頭のバレエ表現をさまざまな観点から再構成し、さらに舞台身体運動と音楽とのシンクロナイゼーションを探る試みともなった。

♪《万葉集歌曲》

《父の愛》の後にもラスカは作曲活動を行ったことは十分に推測できるが、一九二六年にローベルト・シューマンのピアノ曲集《こどものためのアルバム》作品六八の第一四曲にフルートの旋律を付けた編曲作品があるものの、この時期の最初の重要な曲は翌年に書かれた《万葉集歌曲》全五曲であろう。

　この曲集については、第一章の終わりで、自筆譜がウィーン市立州立図書館（現・ウィーン図書館）にあることを述べた。またこの曲の歌唱者用自筆譜はリンツのアントン・ブルックナー私立大学に残されている。さらに最初の二曲（第一曲〈月夜〉（作曲：一九二七年九月五日）と第二曲〈あこがれ〉（作曲：同年八月三十一日））については、『ドイツ・オーストリア著作者協会音楽アンソロジー第三巻』

雑誌に掲載された《万葉集歌曲》
（アントン・ブルックナー私立大学図書館蔵）

に掲載されている。また一九二七年九月二十九日の日付のある第三曲〈雨の歌〉には、（果てしなき愛）と、括弧付きで副題が添えられている。第四曲は〈三室の山〉（日付は第三曲と同じ）、第五曲は〈春の訪れ〉（一九二七年十月三日）となっている。ドイツ語への翻訳については自筆譜にC・フロレンツとの記載があるが、どんな人物であったかは不明である。

　それぞれの曲の原詩であるが、ドイツ語

譜例2

の訳詩より、第一曲については万葉集第七巻一〇八一（作者不詳）の「ぬばたまの　夜渡る月を　おもしろみ　吾が居る袖に　露ぞ置きにける」が、そして第二曲については第一三巻三二二四（作者不詳）の「ひとりのみ　見れば恋《こひ》しみ　神奈備の　山のもみち葉《ば》　手折《たを》り来《け》り君」が考えられる。第三曲は第一巻二五の天武天皇作の「み吉野の　耳我《みみが》の嶺に　時なくそ　雪は降りける　間《ま》なくそ　雨は降りける　その雪の　時なきがごと　その雨の　間なきがごとく　隈《くま》もおちず　思ひつつぞ来《こ》し　その山道を」が、少なくとも内容的には対応している。第四曲は第一三巻三二二二（作者不詳）の「三諸《みもろ》は　人の守《も》る山　本辺《もとへ》には　あしび花咲き　末辺《すゑへ》には　椿花咲く　うらぐはし山そ　泣く子守る山」が、そして第五曲は第一三巻三二二一（作者不詳）の「冬ごもり　春さり来れば　朝《あした》には　白露置き　夕《ゆふへ》には　霞たなびく　汗端能振（カゼノフク？）　木《こ》末《ぬれ》が下に　うぐひす鳴くも」が用いられていると言えよう。

　ここで最初の二曲について音楽の構成を見てみると、第一曲では明るく光る月をピアノの前奏によって音画的に描写していることがわかる（譜例2）。四度を積み上げた和音を左右の手ですばやく交替させるこのよ

譜例3

うな奏法は、あるいは日本の琴からヒントを得たものであるかもしれない。

また第二曲（譜例3）ではやはり琴を奏でたような上昇の分散和音が用いられ、さらに第二小節や第五小節に見られるように、嬰へ音からホ音を経てハ音に下がる、都節《みやこぶし》音階的な動きも用いられている。原詩は「山で独りだけで紅葉を見ていたら、きみのことが恋しくなって、枝を手で折って持ってきましたよ」という内容であるが、ドイツ語の歌詞は、「折った」ところで終わり、そのため、曲名が示すような「あこがれ」の思いが強調される結果となっている。こうした歌詞に応じて、ラスカの曲も孤独や寂しさを感じさせる音楽となっているのだが、そのような表現を成り立たせているのが、いま述べたような日本音楽的な要素であると言えるだろう。

ラスカはすでに前章で触れた「日本におけるヨーロッパ音楽と、日本音楽に対するその関係」と題する著述において、このような、長二度下降を経て低い四度に沈んでゆく音程関係、また逆の方向の音程関係を、日本音楽において「きわめて頻繁に用いられる声部進行」として注目している。そしてこのような音程進行を日本の音楽がヨーロッパの音楽家に提供することのできる「旋律とその独自の特質」の具体的な例として挙げているのであるが、彼はすでに自作においてこうした「独自の特質」を効果的に用いていたと評してよいだろう。

♪《組曲　奈良》

《万葉集歌曲》もそうであったが、ラスカは日本在住期に、日本の文学や情景や音楽を素材とする作品を多数書いた。まず一九二八（昭和三）年に、フルートとピアノのための《組曲　奈良》を作曲した。〈寺の静寂〉、〈聖なる鹿たち〉、〈大仏〉の三曲からなり、そのうち第三曲は、一九三三年七月十四日に開かれた宝塚交響楽団第九八回定期演奏会の曲目に取り上げられ、同楽団のフルート奏者川口勝治郎のフルートとラスカのピアノにより演奏された。その時のプログラムに「最後の曲は大仏の全貌が次第に明らかにされるとともに生じてくる静謐かつ荘厳な心象を印象的な楽の音により表出するものである。大仏を訪れる人は仏像の相貌の平和に満ちた表情に心を打たれ、語られざる力の幻影の前に魅惑されつつ佇んだ後に、仏殿を出てゆく」と、作曲者自身によると思われる説明（原文英語）が記されている。この曲の資料については神戸女学院図書館に他人の手による筆写譜の青焼きが所蔵されているほか、リンツのアントン・ブルックナー私立大学に、自筆による総譜およびフルート・パート譜が残されている。なおこの作品の全曲の演奏は、ラスカが亡くなってからであるが、一九六六年二月十二日にウィーンの楽友協会ブラームスザールで開かれたラスカ生誕八十年記念演奏会において行われている（初演であったかどうかは不明）。日本では一九九八年十二月十二日に神戸女学院大学音楽館ホールで開かれた日本音楽学会関西支部第二八〇回例会において、杉山佳代子さんのフルートと真野由利子さんのピアノにより演奏された。また二〇〇六年に発売された難波薫氏のフルートと沼尻竜典氏のピアノによるＣＤ「フルート・レヴォリューション　難波 薫」（KKCC3015）にもこの曲の演奏が含まれている。

漢詩による曲

一九二八年から一九三〇年にかけて、ラスカは《東方の歌》と題する五つの声楽曲を作曲した。その第一曲〈梵鐘〉（訳詞：Ｈ・ボーナー）は、自筆譜には原詩が日本語であることが示されているが、出典は不明である。除夜の鐘を歌っており、ピアノ伴奏の低音による強靱な響きが鐘の音を再現して、二頁だけの短い曲ながら、きわめて印象深い。また、第二曲〈城ヶ島の雨〉はヤマモト・シゲルとＨ・ボーナーの共訳となっているが、その内容は明らかに北原白秋の詩に一致している。梁田貞や山田耕筰などの付曲でも知られているが、ラスカの曲には船に乗って離れてゆく男を見送る女

〈城ヶ島の雨〉自筆譜
（オーストリア国立図書館音楽部門蔵）

の悲しみがより切々と歌われているように思われる。また中間の部分では船頭が櫓をこいでゆく様子が三連音符のリズムと共に音画的に描写されている。第三〜五曲はいずれも漢詩による曲で、第三曲はLi-Hung-Tschi（漢字名不詳）の詩（七五〇年）による〈無常〉、第四曲は杜牧の詩による〈別離〉、第五曲は杜秋娘の詩による〈青春〉である。

このような漢詩に対するラスカの関心はさらに強いものとなり、一九三〇年にはオーケストラ伴奏付きの歌曲《深夜の歌》が作曲された。この作品は、八世紀に編纂された中国の『楽府詩集』巻四十四の「子夜歌［深夜の歌の意］四十二首」から採られた八つの詩を、リヒャルト・ヴィルヘルムという人物がドイツ語に翻訳したものを歌詞としており、切れ目なく演奏されるオーケストラの流れのなかに、これらの詩が順次歌われてゆく。各詩はいずれも女性の恋の思いを率直に表現しており、短いながらとても印象深い内容となっている。リンツのアントン・ブルックナー私立大学所蔵の自筆総譜によれば、この曲は一九三〇年九月（表紙への記入）から同年十一月二日（末尾への記入）までの間に書かれ、三二年一月二十日、大阪の朝日会館で開かれた宝塚交響楽団第八四回定期演奏会において作曲者の指揮で初演された。ソプラノ独唱は、前述の野崎住子さんであった。なお、この曲は二〇〇三年十一月に開かれた宝塚歌劇オーケストラ・コンサート第二回において、ソプラノに宙組の出雲綾さんの出演を得て七十一年ぶりに蘇演された。

♪《日本の旋律》

ところでラスカは、仕事を終えたあと、時にはくつろいで、芸者さんの歌い奏でるお座敷歌に耳を傾けたこともあったようである。そうした経験からと思われるが、日本の民謡等をピアノのためにアレンジした曲集が作り出された。すでに第四章で触れた《日本の旋律　第一集》と《同　第二集》で、いずれもベルリンのリース&エルラー社から出版された。

第一集には1）Sakkorasabushi　2）Oisha　3）Kisobushi　4）Kitasassa　5）Pompombushi　6）Honenbayashi　7）Tangono-Miyazu　8）Suika-Busuika　9）Kamakurabushi　10）Ryuseibushi　11）Bokuno Geisha　12）Ukiyobushi の、全十二曲が収録されている（題名はいずれもローマ字表記のみ記されており、対応する日本語を完全に探し出すことができなかったため、ここでは原語を掲げるにとどめる。

《日本の旋律　第１集》より第１曲

第二集についても同様）。オーストリア国立図書館音楽部門所蔵の、第一集の自筆譜には、タイトル頁に「一九二九年十月」、最後の頁に「一九二九年十月二十二日」の日付が見られる。ただし個々の曲については成立年月日が記されていない。

　また第二集には、三一年三月から五月終わりまでにかけて書かれた七曲、すなわち、13）Suiryobushi　14）Sakura-Sakura　15）Yoneyama-jinku　16）Tamausagi　17）Isobushi　18）Karako-odori　19）Sedoga Hatakeka が収録されている。しかし、同じくオーストリア国立図書館音楽部門に所蔵されている第二集の自筆譜には、他にも（当該自筆譜の番号によれば）1）Shin Urashima　2）Taisho-odori　4）Yamashiro bon-odori　9）Inshu-inaba　10）Miyajima-bushi の五曲が含まれており、ラスカは第一集と同様、最初は十二曲による構成を考えていたことがうかがわれる。出版に際して七曲に絞り込まれた理由については、おそらく自作に対する厳しい判断があったと考えられるが、詳細は不明である。

なお、これらの二集における原曲の民謡についても、調査を行ったが、まだすべての曲についての解明には至っていない。しかしこれらの曲をさらに探っていくことによって、当時の（おそらくは）神戸の花柳界で歌われていたお座敷歌の状況を垣間見ることもできるだろう。

♪《百人一首より七つの短歌》

宝塚少女歌劇の初期の生徒たちが芸名を設けるに際して『百人一首』を材料にしたことは比較的よく知られている。例えば第一期生では、高峰妙子、雲井浪子、小倉みゆき、大江文子、関守須磨子、若菜君子といった人たちであった。さらにラスカは神戸女学院でも教えていたから、学生たちから『百人一首』を教えられたようなこともあったかもしれない。このようなことから（と思われるが）、ラスカは一九三一年、七つの歌を選んで《百人一首より七つの短歌》を作曲した。この作品は1) Sarumaru Tayu（猿丸大夫） 2) Mibuno Tadamine（壬生忠岑） 3) Kino Tsurayuki（紀貫之） 4) Saki no Daisojo Gyoson（前大僧正行尊） 5) Noin hoshi（能因法師） 6) Ryozen hoshi（良暹法師） 7) Doin hoshi（道因法師）からなり、故意か偶然かはわからないが、いずれも作者は男性で、ラスカは彼らの歌にある種の共感を覚えたのかもしれない。女声（自筆譜における記載ではアルト）によりドイツ語訳で歌われる曲で、伴奏にフルートとピアノが加わる。この編成は、例えば、歌と尺八

譜例4

と三味線からなる地唄を、西洋風に置き換えたものとも考えられよう。しかし最初の〈猿丸大夫〉では前奏に前述の〈夢の森〉と同様、全音音階が重層的に使われており、「奥山に　紅葉踏みわけ　鳴く鹿の　声きく時ぞ　秋は悲しき」という、もとの詩がもつ寂寥たる気分が巧みに描き出されている（譜例4）。

また、第五曲は能因法師の「嵐吹く　三室の山の　もみじ葉は　竜田の川の　錦なりけり」への付曲で、ピアノとフルートの前奏によって嵐の有様が激しく描出された後に、明るい長調となって歌が竜田川を埋め尽くす鮮やかな紅葉の美しさを歌い上げており、二つのシーンの対比がみごとに描き分けられている。この曲集の演奏は一九三二年二月六日、当時はまだ神戸の山本通り四丁目にあった神戸女学院において、柳兼子の独唱、川口勝治郎のフルート、そしてラスカのピアノによって行われている。

♪《日本俳句及短歌十首》

短歌に関心を示したラスカは、それよりも短い詩である俳句による作曲も試みていた。一九二八年の初め（二曲）と一九三三年の夏（八曲）に書かれた《日本俳句及短歌十首》と題された曲集には、芭蕉の「古池や　かわず飛び込む水の音」や在原業平の歌などによる短い曲が収められている（上掲図版参照）。なおこの曲集は一九三四年、神戸のThe Kobe & Osaka Press LTDより出版された（6頁図版参照）。そこには日本語の原詩のほか、英語訳、そして歌詞となったドイツ語訳が添えられている。

《日本俳句及短歌十首》自筆譜より第1曲〈芭蕉〉
（アントン・ブルックナー私立大学図書館蔵）

♪《大管弦楽のための日本組曲》

一九三〇年代、すなわち昭和五年からの時期に、ラスカはなお旺盛な作曲活動を続けていったが、彼自身がすぐれたピアノ奏者であったことをうかがわせる作品として、一九三〇年にはピアノ曲《日本から　前奏曲・練習曲とフーガ》が書かれ、三二年二月六日に神戸女学院において、イェカテリーナ・フツィエフによって演奏された（この曲は二〇〇八年にキングインターナショナルから発売された「日本の思ひ出　エリカ・ヘルツォーク」（KKCC3021）に収録されている）。この曲の構想にはセザール・フランクの《前奏曲・コラールとフーガ》などの作品がヒントになったことも考えられよう。また一九三四年に書かれた《日本の絵　十のピアノ小品》も注目すべき作品であり、〈追羽子〉〈虚無僧〉〈子供の踊り〉〈海岸にて〉〈お寺〉〈猿まわし〉〈櫻〉〈芸者の悲哀〉〈神聖なる山〉〈祭〉からなり、高度なピアノ技法を用いながら、日本のさまざまな風物や情景を効果的に表現することに成功している。

ラスカはこの他にも日本時代に《三つのフモレスケ》（一九二八年）、《ワルツ・カプリッチョ》（三二年）などのピアノ曲を書いたが、オーケストラ音楽の分野でこの時期を代表する作品となったのが《大管弦楽のための日本組曲》である。この作品は〈ふじやま〉〈瀧のほとりにて〉〈寺院にて〉〈おどり〉の四つの楽章からなり、リンツのアントン・ブルックナー私立大学所蔵の自筆総譜によれば、一九三三年夏に完成し、三四年六月二十三日、午後七時半から宝塚大劇場で開かれた第一〇四回定期演奏会において、最初の曲目として初演された。

この演奏会は「ラスカ先生謝恩演奏会」として開催されたもので、当日発行された『シンフォニー』の第一一号の巻頭に、楽団の事務局長で同誌の編集兼発行人であった萩原廣吉が「ラスカ先生謝恩演奏会に就て」と題して挨拶文を掲げている。その冒頭には「ラスカ先生は大正十二年関東大震災直後の十月十六日宝塚の教授になられてから、昭和八年十二月迄十年と二ヶ月宝塚に在職せられ」とあり、すでにラスカは宝塚の専任から解かれていたことがわかるが、その理由として萩原は少しあとに「宝塚交響楽協会としては指揮者に対する歌劇団の補助も無くなって、独立経済による負担の多くなった今日にあっても」と記し、「ラスカ先生の日本に居住せらるる限り、今後も機会毎に引続き交響楽の指導をお願ひする意思でございます」と続けている。

他の号と同様、ここにも曲目の解説が記されていて、《日本組曲》については次のように記されている。

〈ふじやま〉は日本を訪れる外人の誰れでもが感ずる印象……清浄、雄大、静寂を表現したもので、曲中には六根清浄のかけ声も勇ましく白衣の行者の登山も織込まれてゐる、これは作者が箱根滞在中の印象によるものである。〈瀧のほとりにて〉これは日光中禅寺に於ける印象で東洋人に殊に愛せらるる［華厳の］瀧、その瀧の前に立った時、次第に心が平静に、或る厳粛な聖なる気持になる、その心境を描いてゐる、曲中には飛び散る水のしぶきを表現しやうとつとめてゐる。〈寺院にて〉これは奈良の印象で、曲の始めと終りは東大寺の鐘の響を現し、曲の中部は寺院の中の静寂さを現してゐる、木魚の音、読経、薫香と荘重な鐘の音。〈踊り〉は祭礼の手古舞、芸妓の舞踊等、踊りの情景の綜合的印象篇とも云ふべきもので、〆太鼓、大太鼓、シロフォン、ベル等を使用してゐる。この組曲中〈ふじやま〉は最も小さいオーケストラに、〈瀧のほとりにて〉は稍《やや》大きな編成に、〈寺院にて〉は更に大きな編成に、〈踊り〉は最も大きな本格的編成に作曲されたものである。作曲者は日本滞在中に受けた印象を楽曲によって表現せんとしたものであって、日本人的に作曲したものではない。組曲中のヴァイオリンソロは今回コンサート・マスターとして特別出演のメンチンスキイ氏が奏する。

なおこの《日本組曲》は二〇〇二年九月に開かれた宝塚歌劇オーケストラ・コンサート第一回において、佐々田愛一郎氏の指揮により、部分的ながら再演された。ラスカの代表的な管弦楽作品であり、近く全曲の演奏が再現することを筆者としては期待している。

♪《詩編第十三篇》

ラスカは宝塚との専任契約を解かれた後も、神戸女学院における教育活動は続けていた。そうした関わりのなかで、一九三四年八月、《詩編第十三篇》と題するソプラノ独唱、女声三部合唱、ピアノ、ヴァイオリンのための作品が完成された。厳しい境遇に置かれた男が神にその理由を問い、しかし最後には恵みをいただくという内容の詩を効果的にドラマティックに音楽化している曲であり、十分ほどの短い曲であるが、きわめて印象深い。しかし資料としては神戸女学院所蔵の他人による筆写譜が残されているのみである（表紙にComposed by Joseph Laska Ex-teacher of Harmony, Counterpoint, Musical-form and Chorus etc in K. C. Departmentとの記載が見られる）。この曲は同年十一月二十三日に神戸女学院講堂で開かれた「神戸女学院音楽部第九回学生演奏会」において、野崎住子（ソプラノ）、神戸女学院音楽部生徒（合唱）、ヨーゼフ・ラスカ（ピアノ）、林龍作・神戸女学院助教授（ヴァイオリン）によって初演された。さらに翌二十四日午後〇時五分より、ＪＯＢＫ（ＮＨＫ大阪放送局）桃谷演奏所において演奏され、放送された。

♪《日本の四季》

ラスカが日本時代に手がけた最後の大曲が《日本の四季　管弦楽と語りの声部のための》である。オーストリア国立図書館音楽部門に残されている大判の自筆総譜には冒頭に「一九三四年八月／九月、神戸」、末尾に「一九四八年十一月」と記されており、第二次世界大戦の時代を挟んで、戦後になってから完成されたことがわかる。この曲では日本の四季を描き出す四つの歌が、管弦楽を背景に語られる。春では、紀友則「ひさかたの　光のどけき　春の日に　静心なく　花の散るらむ」、夏では、式子内親王《しょくしないしんのう》「窓ちかき　竹の葉すさぶ　風の音に　いとどみじかき　うたたねの夢」、秋では、大江千里「月みれば　ちぢにものこそ　悲しけれ　わが身一つの　秋にはあらねど」が唱えられ、そして冬については、山部赤人「田子の浦に　うち出でて見れば　白妙の　富士の高嶺に　雪は降りつつ」が唱えられ、結びとなる。日本の古典文学に対するラスカの関心は、《万葉集歌曲》以来、強固に保たれていたと言えるだろう。こ

《日本の四季》総譜表紙
（オーストリア国立図書館音楽部門蔵）

の曲は初演の記録がなく、筆者としてはこの曲が近いうちに実際の音楽の響きとなることを切望している。

第七章　突然の離日　そして苦難の年月

日本への再入国禁止

一九三五（昭和十）年八月十六日、ラスカは敦賀を出帆し、九月一日から十日までモスクワで開かれた万国音楽大会に日本代表として出席した。しかし十月三日、敦賀の港まで戻った後に、再入国を許されなかった。このことについて『大阪毎日新聞』の同年十月四日号は「神戸女学院教授／ラスカ氏上陸禁止／モスクワの音楽大会からの帰途／敦賀で厳重取調べ」の見出しのもと、次のように報じている。

十月四日 大毎 新聞

神戸女學院教授
ラスカ氏上陸禁止
モスクワの音樂大會からの歸途
敦賀で嚴重取調べ

ラスカ氏

モスクワで開催の万國音樂大會に出席した寶塚交響管絃樂團の指揮をしたことのある神戸女學院音樂教授ヨセフ・ラスカ氏(五〇)—オーストリヤ人—は三日朝敦賀入港の歐亞連絡船さいべりや丸で歸朝したが、敦賀水上署ではかねて當局からの指令により同氏を上陸禁止處分に附し船內で嚴重取調べ中である、理由は警察當局で嚴秘に附してゐるが今回開催の万國音樂大會を機とし音樂を通じての赤化運動に關聯するものと見られ六日出帆の同船で送還されるはず

同氏は去る八月十六日敦賀を出帆シベリヤ經由で渡露、大會終了後はモスクワ、レニングラードなどを視察し明年六月モスクワ、レニングラード兩地で開催する舞踊フェスティバルに寶塚少女歌劇團一行を出演せしめる內交渉をみやげとしてもたらしたといつてゐる

ラスカ氏語る　日本官憲は何故私の上陸を拒否するかわからない、去る九月一日から十日までモスクワで開催の万國音樂大會に英米佛など廿大ケ國の音樂代表三百余名とともに列席しただけ、大會後は著名劇場のグランド・オペラ、バレー、オペレットをはじめジプシーのダンスを見學したが、最近日本の文化の影響をうけて二尺足らずの人形を舞台に乗せ指先で踊らせるのが新流行となつてゐる(敦賀發)

神戸女學院の驚き

ラスカさんが上陸禁止になつたとは實に意外です、あの人は昭和三年から學院に教鞭をとり、寶塚の管絃樂團と合唱を指導し、永い間に多數の立派なお弟子を養成して居りいはゞ學院の至寶ともいふべき人です、こんなことから先生をもし失はねばならぬようなことにでもなれば學校としては實に大打撃です、夫人はロシヤ人ですがラスカさんはオーストリヤの元軍人で思想的に嫌疑をうけるやうな言行は全然ありませんのに……

【阪急電鐵理事 課長引田一郎氏談】寶塚少女歌劇の万國舞踊大會出演しいふようなことは計畫したことさへありません、ラスカ氏は久しく寶塚交響樂團のコンダクターをしてゐたがすでに昨年契約が滿了現在では寶塚ならびに歌劇團と全然關係がないから內交渉など依頼したことも經驗にない

寶塚文化三味線定期講習會

本月より毎週(月)(木)兩日に分け午後一時より三時迄寶塚文化協會主催で寶塚公會堂に於て文化三味線講習會を開催する講師は作家彌七と、作家彌萬戸人組(初めて三味線を手にする方)は月曜日▲Ｂ組(十月十一日で前編を完成)は木曜日▲會費は一ケ月二圓別に同日午前十時より希望者に希望曲目を個々特別教授する會費一ケ月三圓、申込は阪急梅田サービスステーション・神戸驛長室、寶塚外園課へ

大阪毎日新聞 1935 年 10 月 4 日朝刊より
（池田文庫蔵）

モスクワで開催の万国音楽大会に出席した宝塚交響管弦楽団の指揮をしたことのある神戸女学院音楽教授ヨセフ・ラスカ氏（五〇）——オーストリア人——は三日朝敦賀入港の欧亜連絡船さいべりや丸で帰朝したが、敦賀水上署ではかねて当局からの指令により同氏を上陸禁止処分に附し船内で厳重取調べ中である、理由は警察当局で厳秘に附しているが今回開催の万国音楽大会を機とし音楽を通じての赤化運動に関連するものと見られ六日出帆の同船で送還されるはず

同氏は去る八月十六日敦賀を出帆シベリヤ経由で渡露、大会終了後はモスクワ、レニングラードなどを視察し明年六月モスクワ、レニングラード両地で開催する舞踊フェスティバルに宝塚少女歌劇団一行を出演せしめる内交渉をみやげとしてもたらしたといってゐる

記事はこの後に「ラスカ氏語る」との小見出しで

日本官憲は何故私の帰国の上陸を拒否するかわからない、去る九月一日から十日までモスクワで開催の万国音楽大会に英米仏など二十六ケ国の音楽代表三百余名とともに列席したのだ、大会後は著名劇場のグランド・オペラ、バレー、オペレットをはじめジプシーのダンスを視察したが、最近日本の文楽の影響をうけて二尺足らずの人形を舞台に乗せ指先で踊らせるのが新流行となってゐる（敦賀発）

との談が挙げられ、続いて「神戸女学院の驚き」として次のように記されている。

ラスカさんが上陸禁止になったとは実に意外です、あの人は昭和三年から学院に教鞭をとり、専門の管弦楽理論と合唱を指導し、永い間に随分多数の立派なお弟子を養成してをりいはば学院の至宝ともいふべき人です、こんなことから先生をもし失はねばならぬようなことにでもなれば学校としては実に大打撃です、夫人はロシヤ人ですがラスカさんはオーストリヤの元軍人で思想的に嫌疑をうけるような言行は全然ありませんのに…

しかし、さらにこの後に「阪急宝塚経営課長引田一郎氏談」との小見出しで、

宝塚少女歌劇の万国舞踊大会出演といふようなことは計画したことさへありません、ラスカ氏は久しく宝塚交響楽団のコンダクターをしてゐたがすでに昨年契約が満了現在では阪急ならびに歌劇団と全然関係がないから内交渉など依頼したことも絶対にない

との談話が掲げられている。少女歌劇の「万国舞踊大会出演」については今のところ確かめようもないが、いずれにしてもラスカは日本からいきなり断ち切られるようにして、ヨーロッパに戻らざるを得なくなったことがわかる。

ラスカを失った神戸女学院はさまざまな処理に追われることになった。そのことを物語る一つのドキュメントとして、当時音楽部の主事を務めていた藤田ときから、貴志康一に宛てた十月二十五日付の手紙が残されており、そこには「さてラスカ氏の事につきヘッセル牧師などと相談いたしかつ墺国領事館からの通知により本など送る事になりました」と記された後に、次のような依頼も記されている。

此本は先生の作品の一部で友人らに売ってくれと前からあづかっていたものですから一部お買ひ下さい。いくらでもよろしいのです。そしてそれを貴兄様よりの御餞別としたいと存じます。あまり大さわぎをせずに出来るだけ少ないグルップではじめたいと願って居りますから右願ひます。

「此本は」という言い方からもうかがえるように、この手紙は、送られた小包に同封されていたものらしい（封筒にはただ「貴志康一様」とのみ記されている）。貴志はこの年の五月に三度目のベルリン滞在を終えてから帰国し、九月には大阪で宝塚交響楽団を指揮して「帰朝記念・作品発表演奏会」を開いたばかりであった（毛利眞人著『貴志康一　永遠の青年音楽家』による）。したがってラスカと貴志のつながりはおそらく保たれていたと考えてよいだろう。また、藤田が、突然の一大事に直面して、ラスカのかつての弟子であった人物に、このようないささか強い調子の願いを記したのも自然な流れであったと言えよう。

この手紙のおよそ一ヶ月後、神戸女学院の『週報撮要』第二七号に「着々前進の一路を辿り／多事なりし今年の秋」と題する一文が掲載された。音楽教育担当の教師であった美田節子によるもので、次のように書き始められている。

秋も深くなってまゐりました。音楽館をめぐる丘の木立は美しい錦繍の装ひをこらして秋の名残のひとときのはなやかさを見せて居ります。過ぐる一学期の間実力の充実にはげんで来ました私達は取入れの秋を迎へると共に活動期に入りました。特に今年は学院の創立六十周年を記念する事業の一つとして、同窓会大阪支部の皆様方の御尽力によって、朝日会館で卒業生、在校生合同の大音楽会開催の計画がなされて居りましたのでまずその準備に取りかかりました。ところが夏休みを利用してモスクワに於ける音楽祭に列席の為に入露中でありました総指揮者ラスカ先生が九月末急ぎ御帰朝の途中敦賀で突如思ひがけなく上陸禁止との官命をお受けになりました。その報知に私達は驚きながら一体どうなるのかとまるで杖を失くしたやうな思ひをいたしました。ラスカ先生にしましても御出発前に色々と案をこらしてプログラムをお定めになり非常な期待を持っての御帰朝中の事でありましたからどんなに残念にお思ひになったかとお察しいたして居ります。私達も先生の御帰校をどんなにお待ちしてゐた事でせう。十年間もあのすばらしい芸術的蘊蓄《うんちく》を尽して御教示を給りました先生を突然学院より失ふことは返すがえすもあきらめ難い事でございました。先生は日本を愛しつつ日本に容れられず遠く北の方の地へ去っておしまひになりました。日頃のあの温い先生を知る私達は今はただ先生の御将来の御多幸ならんことをお祈りいたすのみでございます。

これに続く部分に美田は「右のやうな事情で音楽会の開催も一時はあやぶまれましたが、幸ひラスカ先生の後任として新進の作曲家であり且つコンダクターである宮原禎次先生をお迎えいたしまして万難を排して決行することに定めました」と記している。この記事の末尾には「十一月二十五日」という日付も記されており、ラスカの後任人事は早くも翌月には決定していたことになる。

さて、すでに取り上げた妻エレンの手記には、この一連の出来事について、次のように記されている。

一九三五年、モスクワでの著名な演劇音楽祭のために訪れたロシアへの旅行が日本における彼の活動に終止符を打つことになった。ドイツのＩ・Ｇ・ファルベンの役人たちが、私の夫や幾人かの在日ヨーロッパ人たちのヒトラーに反対する態度を知って、この機会を、彼にロシアのスパイとしての烙印を押すためのきっかけとし、彼が日本へ上陸することを妨げるよう仕向けたのである。日本に戻ってきたとき、彼は自分が政治的に敵対している陣営の仕事ぶりが徹底的なものであったということに、気づいたのである。

ここに記されている「Ｉ・Ｇ・ファルベン」とは一九二〇年代に組織されたドイツの化学工業の企業連合体で、三〇年代に入ると彼らが行っていた合成燃料の製造販売上の保護を政府に求める必要が生じ、当時政権を掌握しつつあったヒトラーに接近、彼の率いるナチス（国家社会主義ドイツ労働者党）を支持していったのであるが、日本にも、そしてラスカの活動の場であった関西にも、同企業の関係者が来ていて、ラスカの言動に注目していたということであろう。

ラスカの思想傾向については、来日前のシベリアでの捕虜時代が長く、その間にさまざまな人物と関わったことを通じて共産主義に影響される可能性がなかったとも言えないだろうが、この点について、筆者の仕事のことを知った音楽学者でウィーン大学教授のアントニチェク氏より、貴重な資料を送っていただいた。それは当時のオーストリア教育省の保管書類を同氏がまとめたもので、その一つである一九三六年六月十六日の日付の入ったメモに、「モスクワのオーストリア大使館はラスカが共産主義の傾向を有していたかについては何も知らない。また、モスクワにおけるコミンテルンの会議への参加についても、時間的な理由から、事実とは言えない」と記されている。ここに記されているコミンテルン（共産主義インターナショナル）とは一九三五年七月二十五日から八月二十一日まで開催された第七回にして最後の回を指していると思われるが、本章の初めに示したように、ラスカは八月十六日に敦賀を出帆したのであるから、モスクワへの旅程などを考えるなら、この開催期間には「時間的に」到底間に合わなかったはず、ということになるのである。

オーストリアへの帰国

とはいえラスカが共産主義に少なくとも共感を覚えていたことは、次章で取り上げる彼の音楽作品の内容などからも明らかであったようにも思われる。ともあれ時代は彼にとって厳しかった。そして帰国後の彼を待ちかまえていたのも、容赦のない現実であった。エレンの手記にはこう記されている。

たった一つのトランクと、日本のオーストリア領事館の仲介により送られてきた彼の作品の楽譜、これだけでウィーンでの新たな始まりとなった。親戚の者たちが彼を引き受けてくれた。しかし当時彼は非常にしばしば自分の人生に見切りを付けようとする考えにとらわれ、ドナウの流れが彼を誘おうとしていた。しかしこの時期に、彼の外面的ならびに内面的な必要から、数多くの美しい歌曲が作り出された。

ラスカはウィーンに戻った後にほとんどゼロから再出発しなければならず、絶望のあまりドナウに身を投げようと思ったこともあったらしい。しかし音楽への強い気持ちを抱き、そして立ち直っていった。

しかし人は生きようとするなら、食べなければならない。そして食べるにはお金がかかる。それゆえに彼は自分に提供されるあらゆる機会を掴んだ。1時間1シリングの手当であっても、すらりとした身体になりたいと思っている肥満の婦人たちのために、体操の稽古場で即興演奏をした。

ゲシュタポによる連行

しかし事態は困難な方向に進んでゆく。

こんなことをしているなかで、彼はウィーン4区のメルヴァルトプラッツに仕事場を借りた。しかし一九三八年、彼はそこから初めてゲシュタポ〔国家秘密警察〕によって〔ホテル・〕メトロポーレへと連行されていった。

ラスカが日本政府ににらまれたのは「神戸の喫茶店、ユーハイムで行った反ヒトラー的なすべての談話」(エレンの手記)のゆえであったが、帰国後もラスカはこうした姿勢を変えようとしなかったのである。

このあたりの事情について、実はラスカは自ら手記を残している。鉛筆でびっしり書き込まれたA5判六〇頁のノートで、その後半部分は「一九四二年九月から一九四五年六月までの私の苦難」と題され、こう書き始められている。

私はすでに一九三八年九月、一九三九年、一九四一年、ゲシュタポによってホテル・メトロポーレまで連行され、政治上の前歴を問われ、集中尋問を受けざるをえなかった。長文の調書が書かれ、署名をさせられ、あらゆるアングルから私の写真が撮られた。私は政治犯調書目録の中に通し番号を付けて登録され、指紋を押させられた。

このように三回も連行されたのであるが、その都度釈放されたらしい。そして彼は、ピアノが弾けたことから、KDFと呼ばれていたナチスのドイツ軍慰問音楽隊に加えられた。これはKraft durch Freude「喜びによって力を」といった意味のナチスの組織活動を意味するもので、ラスカは当時ドイツ軍の基地が置かれていたギリシャのテッサロニーキ（テサロニケ）をはじめ、周辺の各地を回ることになった。直前に引用した彼のノートの前半部分はGriechenland（ギリシャ）（1941）と題されており、その最初の一日についてはこう記されている。

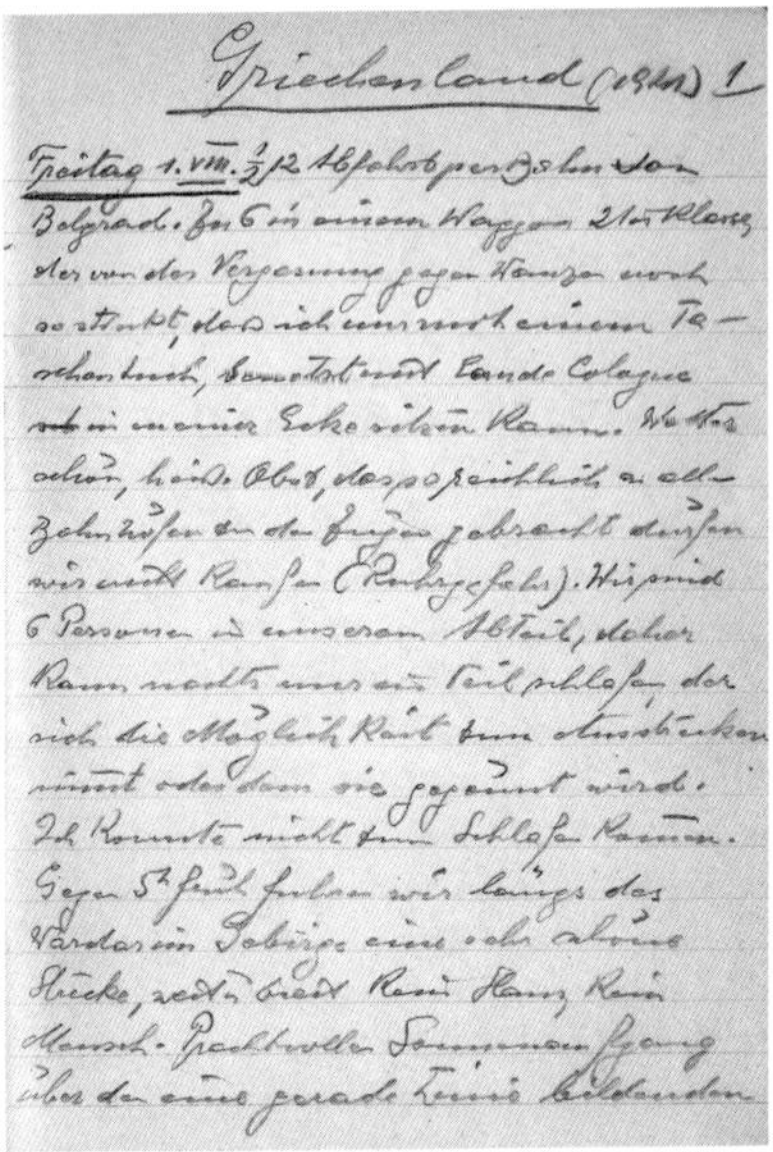

ラスカの手記ノートの冒頭頁

八月一日金曜日、十一時三十分。鉄道でベオグラードを出発。二等室の車両に六人。車両は南京虫対策のガスが撒かれていたために悪臭が残っていて、私はオーデコロンで浸したハンカチを鼻にあてて車両の片隅に座っているほかなかった。天気は晴れ、暑い。どの駅でもたくさんの果物が列車に積み込まれてくるが、われわれは買うことが許されていない（赤痢の危険ゆえに）。

われわれのコンパートメントには六人いて、夜はごくわずかしか眠れない。こんな時間は屈伸の運動でもして過ごすほかない。私は結局眠れなかった。そして朝五時ごろには列車はバルダル川沿いの美しい山中を進んでいった。遠くには家ひとつ、人っ子ひとり見えない。まっすぐな水平線の上に輝かしい日の出の姿。辺りは干からびて埃にまみれている。遠くには鶴が舞っている。駅のホームの人々は、貧しく、汚らしく、ぼろを身にまとっている。七時、テッサロニーキに到着。

この一連の記録は「八月二十七日、水曜日、自動車で〜へ出発」（〜の部分は記されていない）という記述（三〇頁）で終わっており、したがってこの後もＫＤＦの仕事は続いていたものと思われるが、不明である。

ところで、エレンの手記に戻ると、彼女（息子さんの話によればトランペットが吹けて歌もダンスも上手だったという）とラスカとは、こうした任務に関わることで出会ったようである。

一九四一年、いたるところで冷たい扱いを受けた後に、ただピアニストが不足しているという理由から、夫は当時のＫＤＦの演奏旅行への参加が許された。そのときに、私たちは出会った！　私たちは一緒にルーマニアへの演奏旅行に出かけた。

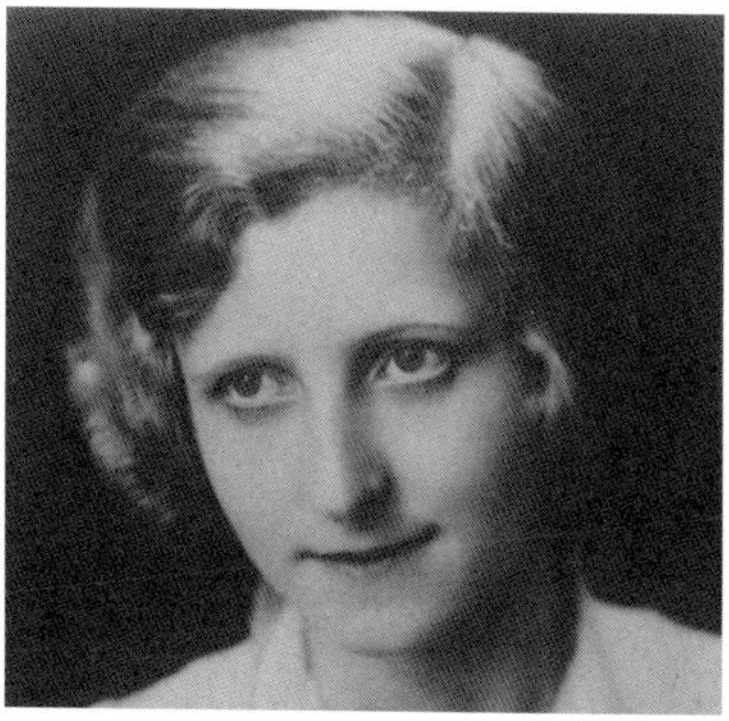

エレン

このようにルーマニアへの演奏旅行でラスカとエレンとは出会ったとのことであるが、それはさきほどのテッサロニーキから帰ってからのことであろうか、それともその前だったのであろうか？　この点は不明のままであるが、彼女の手記を引き続き見ておこう。

その地ではユダヤ人たちの追放を身にしみて体験した。彼はこの時も傍観視することができず、いつものように声を上げた。そのため、私は彼にこう言った！〈先生、いつかあなたも逮捕されますよ〉と。そして私たちがこの演奏旅行の後、一九四二年二月に結婚した時、私たちの幸せな日は数えるばかりとなっていたのである。…この年の九月二十九日のお昼、十三時五分、警告の電話の後に、二人の男がやってきた。そして彼らは五分も経たないうちに、夫をハディクガッセ一三六番の我々の家から連行していった。

収容所送り

こうしてラスカはウィーン一区の州裁判所に送り込まれ、ウィングEの囚人室に収監された。一九四二年十一月三日及び四日に、裁判所第六法廷において裁判が行われた。判決は第八〇条敵対宣伝行為、第八三条大逆罪により、懲役五年、公民権停止五年というものであった。ラスカはこうして来日する前と同様、収容所に送り込まれたのである。その後について、やや長くなるがラスカ自身の記述を引用しよう。

マルガレーテ州裁判所に短期間拘留された後、シュトラウビングへの「旅」が始まった。バイエルンのこの収容所にわれわれが着いたのは、十二月十五日であった。…シュトラウビング収容所。一九四二年十二月十五日から一九四五年四月の終わりまで。私は仕立屋の仕事を課され、手仕事を習得し、ズボンや上着やワラ袋、下着の繕いをしなくてはならなかった、等々。管理人のノイマイヤーは私に礼儀正しく接してくれた。検査官のトットは質の悪い人物だった。最初の六ヶ月が経過した後、六週間に一度の割合で手紙を書くことが許された。しかしまもなく厳しい措置がとられるようになった。一年につき送る手紙も受け取る手紙も三通ずつまでとなったのである。このようにしてわれわれは囚人室と作業場との間を往復するだけの毎日を送った。百八十人の仕立屋たちが、数年先を見ながら。私は一日に十二時間、ミシンの前に座った、独りきりで（ありがたいことに）。

一九四五年四月二十五日、突然、この建物のなかに大きな不安が生じた。早朝の四時に警報。毛布を一枚、食器を一つ手に持って、収容所の三四六〇人の囚人たちが集められ、収容所の外に出てゆくことになった。誰にも何がどうなっているのかわからなかった。私は嬉しかった。明るい気分になった。ついに再び野外に出られる。太陽と木々が見られる。私は散歩を始めるときのような健やかな気分でいた。しかし、事態は別のように、もっと深刻なものになっていった。数々の苦難、木靴の圧迫による足の痛み、飢餓。われわれはいったいどうなるのか、そもそもどこへ連れていかれるのか。われわれは毎日二十五キロから三十キロ行進させられた。ほとんど食事も与えられず、夜は野宿、しかもたいていは湿った草地で。やがて私は腎臓と背中にひどい痛みを覚え、泣きながらこの苦難の歩みを進めなければならなかった。収容所の係官は自転車で随伴し、われわれに遅れないようにと、強い警告を与えた。われわれはまもなく［ナチス］親衛隊の前線基地に到着する、遅れた者は頸部射撃を蒙る、というのである。こうしてわれわれは、自分たちの運命がどのようなものであるかを徐々に知った。われわれはダッハウの集中施設に連れて行かれ、処分されるのだ。

「しかし神はわれらに対し、別のことを望まれた。」ラスカの続く文章はこう始まる。以下はしばらく、要約して示そう。

アメリカ軍による解放

行進はこの後、ディンゴルフィング、ランツフートを経て、モースブルクへと向かった。四月二十八日にフライジングに到着。しかしそれから先、ダッハウ［強制収容所］への行進は不可能にな

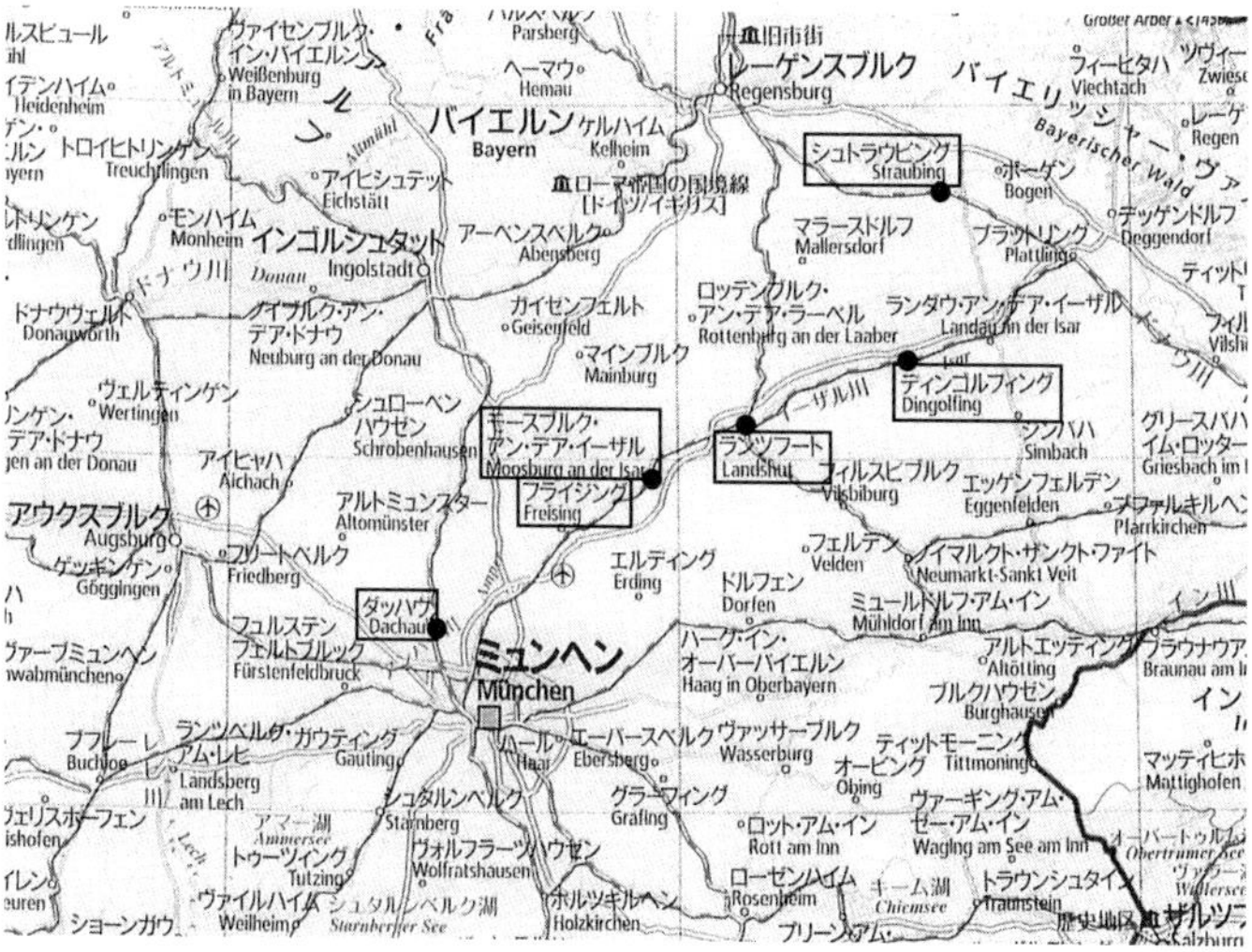

ダッハウ強制収容所への行進（『小学館　世界大地図』より作成）

った。なぜならすでにアメリカ軍が同地を押さえていたからである。そこで翌二十九日、後戻りの行進が始まり、SS［ナチス親衛隊員］の見張りのもと、イーザル川を再び渡ることになった。しかしイーザル川の橋は爆破されており、三十日、ランツフートに向けて戻っていった。SSたちは列からだれかれなく連れ立てては、道端で射殺した。しかしランツフートにはすでにアメリカ軍が着いていた。SSとアメリカ軍の戦いが始まった。やがて静けさが訪れた。

　私はある家の納屋のなかで眠りに落ちた、凍えながら、そしてすっかりくたくたになって。一九四五年五月一日、あたりは雪景色。しかし太陽は輝いていた。アメリカ軍の兵士たちが中庭に飛び込んできて、われわれの監視たちと検査官トットを捕らえた。われわれは自由になった。救急隊員の乗った自動車。ついに食事、ついに自由。SSたちは昨夜来、はるか後方に退いていた。われわれは自由になったのだ。四日、アメリカ軍は私をガイゼンハウゼンの病院へ運んだ。入浴、暖かく、簡素だが清潔なベッド。私は生まれたばかりのような、とても幸せな気分になった。看護婦はモラヴィアのオストラウの出身で、彼女は私が当時、モラヴィア＝オストラウの劇場でカペルマイスターとして仕事していたことを記憶していた。アメリカ軍のある大佐は、私の写真をとり、履歴を聞きだして、アメリカに帰ったら私の運命について書くつもりだ、と話した。五月五日、楽譜（シューベルト）を手に入れて、読む。およそ三年ぶりに、私の目の前に楽譜がある！五月十日、オルガンを弾く……！　五月二十三日午前九時、私は病院からシュタイアマルク出身の二人の仲間とともにザルツブルク、そしてウィーンにむけ出発した。このことについてはアメリカ人たちからの許可を得ていた。兵士用ズボン、労働着、そしてパンの袋を手にして、私は自由な人間として野に歩み出ていった。故郷に向け、そして私の愛する妻のもとへと。

第八章　帰還から晩年へ

ウィーンでの生活

ウィーンにようやく戻ることのできたラスカにとって、あまりに過酷な年月からの回復の時間はきわめて長いものであったにちがいない。一九四七年八月に生まれた息子のヨーゼフ・ライティンガー＝ラスカ氏が筆者に語ってくれたところによれば、ラスカはウィーンの自宅で音楽を教えたり作曲をしながら比較的静かな日々を送っていたという。弟子たちの多くは婦人方で、父親は楽しそうであったともいう。もちろん音楽家として、時には演奏会を開き、息子さんから頂戴した資料によれば、例えば一九五六年五月二十五日にはウィーンの学問芸術研究所（Institut für Wissenschaft

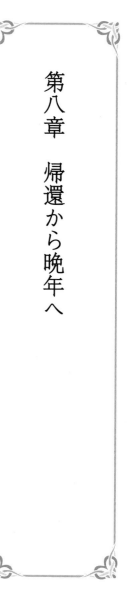

und Kunst）のホールで、「知られざるシューベルト」と題して、作曲家の友人ヨハン・ネーポムク・マイルホーファーによるギリシャ神話を題材とした「歌曲の夕べ」を開き、解説とピアノ伴奏を担当している。また一九五八年四月二十三日と五月二十一日にはシューベルトの《水車屋の美しい娘》を二回に分けて取り上げ、やはり彼がピアノを担当している。このときのチラシには両日とも「シューベルトの連作歌曲［の楽譜］をご持参ください！」と記されており、解説への意気込みがうかがわれる。またこのときの解説の原稿がオーストリア国立図書館音楽部門に残されている。

《ピアノ・アルバム》（1956年）の表紙裏に貼付のラスカの写真
（アントン・ブルックナー私立大学図書館蔵）

　ラスカは日本からの帰国後まもない一九三六年十二月二十六日に、当時の文部大臣ペルンターより、文化活動にたいする評価として教授の称号を与えられていたが、そのことが戦後において大きな効果をもたらすことはなかったようである。息子さんの語るところによれば、当時ユダヤ人たちに対しては名誉や権利の回復措置がとられ、ウィーンにおいて、またオーストリア国内において、彼らは重要なポストを得ていったのであるが、ユダヤ人でなかった父親にはなんら特別の待遇もほどこされなかったのだという。

反戦的作曲

しかし、こうした日々においても、ラスカは旺盛な作曲活動を続けていった。戦後における彼の作品には、日本から離れたことから、日本的な性格の作品はほとんど見られないようになったが、その代わりに際立ってきたのが、二つのグループである。

一つは反ナチズムの延長線上にある、人道主義的な、さらには反戦的な傾向の作品であり、もう一つはオーストリアの風土や人々への愛情を謳った、比較的保守的な傾向の曲である。

まず、前者の傾向を示す作品であるが、ラスカは生涯に二度も長年にわたる収容所生活を送ったことから、非人道的な行為や出来事に対して、痛みを覚え、批判することを忘れなかった。そのような彼の姿勢をよく表している作品として、《朝鮮の子どもたち》を挙げることができよう。これは一九五〇年六月二十五日に勃発した朝鮮戦争（そのことから「六・二五戦争」とも呼ばれる）を取り上げた曲で、エードゥアルト・フィッシャーという人物による歌詞は以下のような内容となっている。

♪《朝鮮の子どもたち》

わたしは問う、大人たちが、ではなく、
子どもたちが、朝鮮の子どもたちが
何を語っているかを

他の場所の子どもたちと同じように
彼らも安心と信頼のうちに、
創造の奇蹟を見たいと願っていた、
世界への信頼に満たされて

だがそうした世界に、
はるか彼方の空から突然
爆弾が激しく降りかかってきた
轟音を響かせ、閃光を放ち
炎を地に降り注ぎ

《朝鮮の子どもたち》の自筆譜に貼られたエードゥアルト・フィッシャーの詞と写真
（ウィーン図書館音楽部門蔵）

うなりをあげて家々を破壊する
そして母は
尖った鉄の塊に身を打ちつけ
くずれ落ちる
しかし母は
息絶えたその手でなお
わが子をまもる

破壊された大地に立ちつくす
朝鮮の子どもたち

私は問う、大人たちが、ではなく、
子どもたちが、人々の痛みの叫びに満ちた墓場や弾痕のもとで
何を語っているかを
上空では戦闘機が轟き、
砕かれた地上では

《朝鮮の子どもたち》筆写譜冒頭頁
（ウィーン図書館音楽部門蔵）

死にゆく人々が呻いている、

私は問う、子どもたちが、

朝鮮の子どもたちが、何を語っているかを

日本で長年を過ごし、またおそらくは関西での生活を続けるなかで在日朝鮮人たちのことも知っていたであろうラスカにとって、同じ民族同士が戦い合い、憎しみ合ったこの戦争の悲惨さは耐え難いものと映っていたであろう。この作品は、ピアノの伴奏はあるものの、通常の意味での歌曲ではなく、いわゆるシュプレッヒシュティンメ（語りと歌の中間に位置する唱法）で進み、戦争の惨禍のもと、苦しむ子どもたちの声を懸命に代弁しようとする作品となっている。ラスカはこの他にも同じ頃に《朝鮮》と題する同様の作品を書いている。

またラスカは一九五二年七月十二日、リンツとウィーンの間の町であるザンクト・ペルテンの「ソヴィエト情報センター」におけるコンサートに出演している。

一九四五年の終戦とともにオーストリアはドイツから切り離され、五五年までの十年間、イギリス・アメリカ・フランス・ソ連の四ヶ国によって分割統治されていた。この間にソ連統治区域に設置されたのが「ソヴィエト情報センター」であり、ザンクト・ペルテンではこの日に開設式が行われたのである。そこでは同市の市長とウィーン統治本部におけるソヴィエト連邦の担当官が挨拶をし、情報センターの目的が、ソヴィエト連邦における政治、経済、文化の生活状況についての啓蒙活動を行うことにあると語った（『ザンクト・ペルテン週刊新聞』、七月十九日の記事）。この開所式に続いて開かれた祝典演奏会では、ウィーンの音楽家たちがラスカの指導のもとに演奏し、とりわけ「ソプラノ歌手のタマラ・ドラガンが、ラスカの編曲による《ウクライナの民謡》より〈異国の地で〉と〈母のことば〉をみごとに歌い」、「［同じくラスカの］メロドラマ（語りの要素の入った歌）《お母さん、それはあなたの子供に関わること！》においても卓越した技量を見せた」（同紙）という。この最後の曲はフランツ・ライターという人の歌詞によるもので、「アメリカでは、一部の人たち、フォード一族とか、デュポン一族とか、またその他の人たちが、今日になってもまだ、もしできるものなら、世界に劫火を焚きつけようと思っている。彼らはドルのことしか頭にないのだ。人々の苦しみなんて目に入らない」という内容であり、第二次世界大戦中に爆撃機や軍用車の生産にも関わり、火薬や爆弾の供給も行った米国のこれらの会社の営みを問うたうえで、「お母さん、これはあなたの子供に関わることなのです！」と警告を発しているのである。ウィーン図書館に所蔵の自筆譜には「一九五〇年九月（ウィーン）」との記入があり、この演奏のおよそ二年前に書かれた曲であることがわかるが、戦争の犯罪性を訴えるとともに、ソヴィエト側にとってはまさに好都合の宣伝内容と受けとめられた可能性もあろう。

次いでラスカは、七月十九日には、リンツのウーアファアール（ドナウ以北の地域）における「ソヴィエト情報センター」で開かれた「ソリストたちのコンサート」にも出演した。この「センター」も一ヶ月ほど前に開設されたもので、この日は初めての演奏会であったが、ラスカはバリトンのゲルハルト・ブリヒタが歌うボロディンの歌曲やチャイコフスキーのオペラ《エヴゲニー・オネーギン》のアリアのピアノ伴奏を行い、一週間前と同じ自作品の披露も行っている。七月二十二日の『ノイエ・ツァイト』紙における Gisela という署名入りの記事は「まったく同様に偉大な能力を見せたのが、放送でもよく知られているソプラノのタマラ・ドラガンである」、また「ドクター・カール・ブリックスがコーゼフ・ラスカ教授の芸術的に完成された伴奏のもとに行ったヴァイオリンの演奏にも、聴衆は大いに魅了された」と報じている。

またこの一週間後の二十六日にも、ラスカはヴィーナー・ノイシュタット（ウィーンの南方の市）における同センターの演奏会に出演したようである。この他にもラスカは各地の同センターにおけるコンサートに招かれて出演したことがいくつかの新聞において確認できるが、これら一連の事実は、彼が長年のロシアでの捕虜生活からロシア語ができたであろうことのほかに、やはりソヴィエトの側より、共産主義の思想に理解を示す人物と受けとめられていたことを示すものと考えてよいだろう。

《シェーンブルンの公園のあそこで》出版譜

祖国愛による作曲

さて、以上に垣間見たような、激しい反戦の思いや、新しい思想への共感の姿勢とは対照的に、穏やかな作風を見せているのが、オーストリアの土地と人々への愛を謳った数々の作品である。それらはとりわけリンツのアントン・ブルックナー私立大学所蔵の楽譜資料からうかがうことができるが、例えばオーバーエスターライヒ州の鉱泉保養地をたたえた無伴奏混声合唱のための《二つのバート・ハル合唱曲》（一九五五年十月、バート・ハルにて）や、ピアノによる快活な《バート・ハル行進曲》（一九六〇年七月三十日）は、ラスカが長年にわたって蓄積した身体と心の疲れを癒すためにこの地に滞在したことを物語るドキュメントとも言えよう。また一九五四年にウィーンのアードルフ・ロビチェク社から出版された《シェーンブルンの公園のあそこに》はラスカの音楽のちょっと甘くおしゃれな面を表している曲である。カールハインツ・バウムという人の詞により、前半では四拍子でシェーンブルンの公園の夕刻の雰囲気がやさしく歌われる。そして後半はワルツに移って「シェーンブルンの公園のあそこの、静かにくつろげるベンチ。座っているぼくの顔をやさしく見つめてくるのは、ウィーンの若くて可愛い女の子。五月の幸せなこの夕べ、リラの花がやさしく匂っている。月の光が差し込み、ぼくら二人はとてもしあわせ。アモールの神さまが静かにほほえんで、ぼくらを見守ってくれる、シェーンブルンの公園の、この幸せな五月の夕べ」と歌われてゆく。タイトルの下に「ウィーンの歌」と記されていて、今は絶版になっていると思われるが、これからも多くの人々に親しまれる可能性のある、すぐれた歌曲と言えよう。

もう一つ、ラスカがブルックナーへの尊敬と親しみを抱き続け、その思いを歌で表した曲を紹介しておこう。《ブルックナーを偲んで》という五声の合唱曲で、一九五六年に作曲され、五八年、これもアードルフ・ロビチェク社から出版された。歌詞はアンナ・ツェレンカという名の女性詩人によるもので、オーバーエスターライヒの方言で書かれている。曲はハ長調に始まり、「親愛なるブルックナーさん、あなたは飾り気のないお方、世界にこれほどたくさんのものを贈ってくださった。だれもこんなこと、すぐにはなしえないでしょう。すばらしい音楽、それをあなたは私たちにくださった。私たちみんなに喜びを、癒しの清涼剤をくださった」と歌い、ト長調で終止する。続く中間部は変ホ長調で、「あなたはいつも神の楽士でおられた。神はそれゆえあなたにまことの恵みを与えられた。いまあなたは上より私たちを見おろしていてくださる。あなたの音楽はほろびることはない。それは王冠のように、いつも燦然と輝いている」と歌われる。そして、最後の部分はフーガのスタイルで始まり、初めは引き続き変ホ長調で「聖フローリアンでオルガンに耳をすませるとき」と歌われるが、途中からハ長調に戻り、「わたしたちは天国にいるような気分になる。この世があるかぎり、あなたの音楽はいつも生き続ける。あなたの音楽、それは、敬虔な思いで聴くとき、あたかも祈りとなる」と歌われて、ハ音の低音が持続する中を、静かな結びに向かう。

《ブルックナーを偲んで》出版譜
（アントン・ブルックナー私立大学図書館蔵）

この曲には取りたててブルックナーの音楽からの引用とおぼしき楽句は見られないが、それでも、フーガや低音の持続（オルゲルプンクト）の部分、また全体の和声の雰囲気などに、ブルックナーを彷彿とさせるものがある。私は二〇一〇年三月、この曲を大阪大学での「最終講義」において有志の学生諸君の演奏により、紹介させていただいた。かつては出版された曲でもあり、これから改めて多くの人々に知られていってほしいと願っている。

戦後の作品に見られる以上のような大きく二つの傾向は、ラスカという人物の強さと優しさの表出とみてよいだろう。この時期のラスカの生活と作品については、まだまだ不明なことが多いのであるが、彼の人物像は作品のうちに十分に反映されていると言えよう。

日本を想う《七つの俳句》

最後に、晩年のラスカが日本を忘れていなかったことを物語る作品について述べておきたい。彼が亡くなる四年前の一九六〇年に作曲された《七つの俳句》で、日本時代の《百人一首より七つの短歌》にも相当する作品である。ドイツ語の歌詞と著者による日本語訳を以下に示しておこう。

1 Den Glanz der Sonne suchst du doch nur vergebens in einer Pfütze!
おまえは水たまりのなかに太陽の輝きを探している、むなしいことだ！

2

Erst wenn du ein Herz mit Liebe kannst erfüllen bist wirklich du Mensch!

人の心を愛で満たしえたとき、おまえははじめてまことの人となる！

3

Sinnbild v. Bassho（1643 – 1694）芭蕉の心象

Auf blattlosem Zweig hockt einsam eine Krähe müd neigt sich der Tag

葉のない枝にカラスがただ一羽とまっている　ものうげに日が暮れてゆく

原句：枯枝に　烏のとまりけり　秋の暮

4

Könnt ich begreifen, was du kleine Blume bist... verstünd, ich Gott und mich!

小さな花よ、おまえが何であるかがわかってはじめて、わたしは神のことも自分のこともわかったことになる！

ラスカ夫妻

5　von Taira ro Tadanori（1143–1183）（als Haiku von Jos. Laska）　平忠度（ヨーゼフ・ラスカの俳句として）

Unter dem Kirschbaum verbring ich die Nacht als Gast bei seinen Blüten!

桜の木の下でわたしは夜をすごす、花々の客として！

原歌：ゆきくれて　木のしたかげを　やどとせば　花やこよひの　主ならまし（『平家物語』巻第九）

6　Sinnbild von Bassho（1643 – 1694）（Text: 3）　芭蕉の心象、歌詞は３と同じ

7　Alt bin icn worden von Fujiwara Yoshifusa（804 – 872）（als Haiku von Jos. Laska）

藤原良房による　わたしは歳をとってしまった（ヨーゼフ・ラスカの俳句として）

Alt bin ich worden doch seh ich die Kirschblüten wallt freudig mein Herz

わたしは歳をとってしまった　だが桜の花々を見るとき　わたしの心は喜びに沸き立つ

原歌：年經《ふ》れば　よはひはおいぬ　しかはあれど　花をしみれば　物思ひもなし（『古今集』春歌上・五二）

1、2、4の句については、残念ながら筆者には元の句が不明であるが、いずれも七十四歳となったラスカの心境をしみじみと代弁していると言えよう。また5と7については、「ヨーゼフ・ラスカの俳句として」と楽譜中に記されており、彼が日本の昔の詩人たちのロマンティシズムに共感を覚えていたことを物語っている。歳はとっても花を見れば心が沸き立つのである。そうした若さを保ちながら、一九六四年十一月十四日、ラスカは七十八歳で亡くなった。息子さんの話によれば、それまでは元気で、突然の死であったという。

ライティンガー＝ラスカ夫妻
（2010年8月筆者撮影）

彼の亡骸は遺言により、カトリック教徒に対しては通常行われない火葬に付された後、ウィーン中央墓地の被火葬者墓所、つまり、よく知られているベートーヴェンやシューベルトの墓とは道路を隔てて反対側の区域の一画に埋葬された。しかし何年か前に息子さん夫婦がウィーンを離れてチェコとの国境に近いラア・アン・デア・ターヤ市に移るとともに、同所の墓地に移された。著者は二〇一〇年八月、この地を訪ねた。そのときに撮影したラスカの新しい墓の写真を掲げさせていただこう。

ラア・アン・デア・ターヤ市にあるラスカの墓
（2010年8月筆者撮影）

エピローグ　ラスカが去った後の宝塚

ラスカが日本を去った後、彼と日本との関わりはにわかに失われたのであるが、その後の宝塚のことについて、ここで触れておこう。

宝塚少女歌劇団の首脳部は、当時京大オーケストラと大阪放送交響楽団を育成していたロシア人音楽家エマヌエル・メッテルを後任に立てることになった。しかしラスカが日本を離れた一九三五（昭和十）年十月の十九日に予定されていた第一一五回の定期演奏会は、メッテルと楽団員との感情的対立から、中止となったのである。次の第一一六回は、ようやく翌三六年二月二十一日に、すでに第五章で触れたように、山田耕筰を指揮者に迎えて行われた。そしてこの年には他にも貴志康一、大澤壽人、須藤五郎の指揮を得て、かろうじて五回の定期演奏会が実施された。

しかし三七年からは年間に二回ないし一回と、極端に少なくなり、四二（昭和十七）年三月十四日の第一二九回を最後に、以降、定期演奏会が開かれることはなかったのである。この間三七年十二月の第一二二回から最後まで八回の定期を振ったのはドイツ人のルードルフ・フェッチで、取り

宝塚交響楽団第127回定期演奏会ポスター
（池田文庫蔵）

上げられた曲は、ベートーヴェン、シューベルト、ワーグナーなど、ほとんどドイツ系の音楽ばかりとなった。一九四一年十二月以来の戦時下にあって、同盟国の作曲家の作品ばかりを集めたのは、当然のことであったとも言えよう。

本体の歌劇のほうも四〇年十月にはそれまでの「少女」を外して「宝塚歌劇」という名称になり、時局に対応する態勢をとりはじめた。しかし四四年三月四日、大劇場はついに閉鎖の時を迎えたのである。最終公演にはファンが殺到し、警官隊が抜刀して整理に当たったとも伝えられている。

終戦の翌年（一九四六年）四月二十二日、雪組による歌劇『カルメン』とレビュー『春のをどり（愛の夢）』をもって歌劇の公演は再開されたが、交響楽団の独自の活動はもはや行われなかった。

しかし、建物としての劇場そのものが、しばらくの間クラシック音楽の拠点であり続けたことは記憶されるべきことであろう。そのことは『宝塚歌劇五十年史　別冊』に記されたデータから見てとることができる。筆者はこれをもとに池田文庫で当時のプログラムなども見せていただいたので、それらからもデータを補いつつ、以下に簡単に振り返っておこう。

まず、最初の記録として挙げられているのが、四九年六月三日、大阪毎日新聞社の主催により、大劇場で午後五時から開かれたザヴィエル〔渡来四百年〕記念日響演奏会で、この日にはベートーヴェンの交響曲第五番と同第六番が演奏され、そして翌四日には同じくベートーヴェンの《第九》が演奏されている。

五一年一月二十日には大劇場で午後六時から大阪放送交響楽団の「放送音楽会」が開かれ、三月二十四日、二十五日にも同楽団によるヴェルディ名曲集の演奏会が開催され、独唱に大谷洌《きよ》子、砂原美智子、シロフォン独奏に平岡養一が特別出演している。また同年七月十四日には、二回にわたって大劇場で東京交響楽団の関西試演会が行われ、指揮を近衛秀麿、朝比奈隆、上田仁、斎藤秀雄が担当している。十一月には二十六日から二十八日までの三日間にわたって、大劇場で六時半からクルト・ヴェス指揮によるＮＨＫ交響楽団の秋季大演奏が行われた。

五二年には五月十八日午後七時から、ワーグナー歌手トロウベル女史独唱会が開かれ、オーケストラは朝比奈隆指揮の関西交響楽団が担当した。十月十八日には大劇場で午後七時からアルフレッド・コルトーのピアノ演奏会が開催されたが、あわせて「朝比奈隆指揮、関西交響楽団演奏」と記録されているので、おそらくピアノ協奏曲が演奏されたのであろう。また、大劇場では演奏会だけではなく、バレエ公演も行われ、同年十一月二十七日から二十九日まで、ソニア・アロワ歓迎の公演が、小牧バレエ団の賛助出演を得て行われている。演目はチャイコフスキーの《白鳥の湖》で、オーケストラは朝比奈隆指揮による関西交響楽団が担当している。

大劇場での演奏会はこのあとも続けて行われていったのであるが、外国人の著名な演奏家の登場も引き続き見られ、五三年三月二十七日には歌劇終演後にワルター・ギーゼキングのピアノ演奏会(読売新聞社主催)が開かれた。さらに五四年四月二十七日・二十八日には午後七時からヘルベルト・フォン・カラヤンの指揮によるNHK交響楽団の演奏会が開かれた。曲目は、ベートーヴェンの《レオノーレ》序曲第三番の後に《第九》が演奏され、独唱を三宅春恵、川崎静子、柴田睦陸《むつむ》、伊東亘行が担当、合唱に東京芸術大学音楽学部、国立音楽大学が加わっている。また同年十月九日の午後七時からは大劇場でヴィルヘルム・ケンプのピアノ演奏会が開かれている。

そして、とりわけ際立った催しとして、五六年四月に二回にわたって行われたウィーン・フィルハーモニー管弦楽団の演奏会が挙げられる。これは作曲家のパウル・ヒンデミットの指揮によるもので、まず十五日午後七時からの演奏会ではバッハの管弦楽組曲第二番、モーツァルトのホルン協奏曲K447(独奏ゴットフリート・フライベルク。なおこの曲目は予定では同じ作曲家のファゴット協奏曲であった)、ワーグナーの《ジークフリート牧歌》、そしてベートーヴェンの交響曲第四番が取り上げられ、二十一日にはケルビーニの歌劇《メデア》序曲、ブラームスのヴァイオリンとチェロのための二重協奏曲、ヒンデミットの組曲《いとも気高き幻影》、シューベルトの《ロザムンデ》の音楽、そしてメンデルスゾーンの交響曲第四番「イタリア」が演奏された。この年の十一月二十四日・二十五日には午後七時から大劇場で「サンソン・フランソワ　ピアノ演奏会」が開かれ、十二月十六日には、同じピアニストを迎えて午後六時半から大劇場で「第九回東京交響楽団関西定期演奏会」が開かれている。

翌五七年には八月十三日の午後六時半から、レビュー三十年祭ということで各組の合同公演が行われ、第一部A「宝塚交響楽団演奏」、同B「宝塚ジャズ・パレード」、第二部舞踊劇、そして第三部「モン・パリ」上演が行われた。「宝塚交響楽団演奏」というのは同楽団が少なくとも志として、自分たち固有の音楽活動を展開したいと考えていたことを想わせるが、この組織が一回限りのものであったのか、それともある期間持続していたのかは不明である。そしてこの年の十月二十八日に、エミール・ギレリスのピアノ演奏会が開かれ、十一月十五日・十六日には午後七時から大劇場でベルリン・フィルハーモニー管弦楽団演奏会が、カラヤンの指揮で行われた。

しかし、以上に見たような演奏会は、あくまで大劇場という、今日の言い方で言えば「貸し館」を使っての催しであり、宝塚歌劇としての独自の主催であったわけではない。そして宝塚大劇場は、このようにクラシック音楽の演奏の場を提供し続けていたのであるが、やがてそうした在り方にも終止符を打つ時が到来した。

その転機となったのが、いずれも一九五八年の四月一日の出来事で、大阪・中之島にフェスティバルホールが開館し、同じ日、堂島に毎日ホールも開館したのである。大小二つのホールが大阪の中心部に一挙にオープンしたことにより、音楽会などの催しは両者にほぼ完全に吸収されることになった。いずれのホールも大阪駅から徒歩で十五分から二〇分程度の場所にあり、関西のより広範囲のクラシック音楽の聴衆にとって、阪急電車に乗って宝塚まで行くよりもはるかに便利になったのである。こうして、その後の宝塚はクラシックからはすっかり離れ、「タカラヅカ」の路線を純化していった。しかしクラシックは宝塚の出発点であり、理念でもあった。オーケストラという音楽を通じてその理念を現実のものとすることに力を注いだラスカの十二年の歩みは、今日なお宝塚のなかに、何らかの痕跡を残していると言ってよいだろう。

ラスカの著述より

ラスカは日本滞在中に、音楽に関する以下の三つの著述を公にしている。

1 'DIE MUSIK JAPANS'（「日本の音楽」）

一九二七年にドイツの音楽雑誌 "*DIE MUSIK*" XX/3 に掲載された論文である。

2 'Europas Musik in Japan und ihre Beziehungen zur japanischen' (Februar 1929)（「日本におけるヨーロッパ音楽と、日本音楽に対するその関係」（一九二九年二月））

オーストリア国立図書館音楽部門に所蔵の全十葉のタイプ書き原稿であり、一九三〇年六月にウィーンで開催された世界音楽歌唱連盟の会議において行った講演に用いられたものと思われる。

3 'European Music in the Land of the Rising Sun–A Study of Musical Conditions in Japan'

アメリカの雑誌 "*THE ETUDE*" 一九三三年四月号に、Florence Leonard の英語訳によって掲載された論文である。

これら三つのうち、著述3の内容は、多くの点で著述2を踏襲したものとなっている。また、その抜粋が宝塚交響楽団定期会員向け雑誌『シンフォニー』の第六〜八号（一九三三年六〜八月）に'The Study of Musical Conditions in Japan'という題で掲載されており、さらに、それの日本語訳が雑誌『歌劇』の一九三三年七〜九号に掲載されている（青柳有美訳「日出づる國の歐洲樂」）。そのため、ここでは著述1と2についてのみ、日本語訳を示す。これらはいずれもラスカが日本人について、日本の音楽について、そして日本における西洋音楽とその将来について、どのようなことを受けとめ、考えていたのかを示す重要な証言と言えよう。

著述1　日本の音楽

日本は今日、さまざまな点でヨーロッパから注目されている。この国とその民族に対する関心は次第に大きく広がり、多くの注目すべき事柄について、ますます幅広く観察していくことが重要と考えられるようになっている。最近数年間において、ヨーロッパの音楽家たちはその眼差しを東洋に向け、ある者たちは東洋の音楽によって西洋の音楽にふりかかっている混乱からの救いを得られるのではないかと期待している。

日本音楽の習得は難しく、我々ヨーロッパ人にとってはほとんど不可能とも考えられているが、それは楽譜がないという事情による。きわめて大きな音楽作品、きわめて長大な声楽曲が、楽譜なしに教えられ、学ばれ、そして演奏されている。このような形での習得は日本人たち自身にとっても時間のかかるものであるが、しかしそれだけにより深いものとなっている。つまり、芸術家が自らの芸術の実践に際して、何物によっても振り回されることがないのである。反対に、楽譜を読む際の、目の感覚からの拘束は、音楽家の完全な没頭を、音楽作品の完全な再現を、妨げるものとなるだろう。我々はここにおいて、一つの音楽文化が、数百年におよぶ音楽文化が、またその中で生まれてきた作品が、記憶に留められ、いわば民族全体のうちに潜在的にひそんでいる、という事実を見てとるのである。

日本の音楽はただ水平的な要素のみを用いており、線的である。この線の旋律は演奏者によって自由に装飾される〔グレゴリオ聖歌のメリスマ〔一つの母音を装飾的に延ばしながら歌う歌い方〕によく似ている〕。そして伴奏楽器はいわば下方の音を打つやり方でこれを支える。したがって部分的には、フーゴー・リーマン〔一八四九〜一九一九　ドイツの音楽学者〕の解釈に見られるような、フクバルト〔八四〇／八五〇頃〜九三〇　フランスの音楽理論家、作曲家、詩人〕のオルガヌム〔グレゴリオ聖歌にもとづく初期の多声音楽〕に類似しているとの印象もあるだろう。日本の音楽が知らないもの、それは和音であり、和声である。なるほど、二つの独立した線が並行して進むこともあるが、それらの線は相互の関連をもたない。音楽の美は日本人にとって、広範な旋律線にある。用いられる音階のシステムはペンタトニック、すなわち五音音階であるが、中国人たちのそれよりもずっと発展している。中国の音楽は長い楽曲全体を通じて一つの種類の音階で間に合わせているが、日本の音楽は五種類の音階を相互に交替させたり、また一つの音階による部分に別の種類の音階による部分を挿入させたりすることで、旋律がはるかに変化に満ちた、そして流麗なものとなっている。

日本の音楽には多くのさまざまな種類がある。それらは楽派や流派ごとにそれぞれの独自性をしっかり定め、厳格に守ってきている。そのような独自性は、例えば歌詞や、伴奏楽器の組み合わせや、舞踊との結びつきなどの点に現れている。主要なジャンルは、長唄、清元、うた沢、浄瑠璃、常盤津、尺八、琵琶、謡、そして琴の音楽である。最初の五つのジャンルは三味線の伴奏つきの声楽曲である。三味線は三つの弦を持ち、撥で打弦される。弦の調律は演奏の前に糸巻きによって行われるが、演奏の途中においても、演奏者が一つの開放弦で一種のトレモロを奏しながら、同時に他の一弦ないし二弦を調律することもある。調律には、［ドイツ音名で］ADA［本調子］、AEA［三上り］、そしてAEG［ママ。正しくはADG三下り］の三種類がある。この楽器の起源は我々の時代の呼び方で言えば、十六世紀の中頃であったと考えられる。

尺八は、この楽器だけで単独に、または琴や三味線の伴奏楽器として演奏される。尺八は竹筒を材料とする長いフルートのような楽器で、五つの穴がある。この楽器はインドから中国を経て日本に来たものと思われる。音域は二オクターヴである。中間音は穴を部分的に閉じることによって作り出される。琵琶はマンドーラに似た四弦の楽器で、撥によって打弦される。

謡の音楽は、手太鼓である鼓《つづみ》の伴奏によって歌われる。左手で調べ緒を締めたり弛めたりすることによって、右手で打たれる革面からの音の高さを調節する。また、この鼓では、一種の滑音を作り出すことができる。謡の音楽は、舞台の音楽である浄瑠璃と似ているが、これとは異なって、より高貴な内容のテキスト（僧侶の伝説、英雄物語）を扱っている。

琴の音楽。琴は十三弦の楽器で、九世紀中頃に中国から輸入された。弦は演奏される曲ごとに小さな象牙の柱《じ》を移動させることによって調律され、象牙の爪を付けた右手の親指、人差し指、中指によって弾かれる。半音は左手で弦を押さえ込むことによって作り出される。琴と三味線は日本人に最も人気のある楽器であり、ずいぶん昔からどの家にも家庭楽器としてあったが、ヨーロッパ音楽の流入とともに残念ながら我々のヴァイオリンとピアノによって押しやられている。現在、琴の音楽には二つの流派がある。東京［山田流］と、大阪・京都［生田流］である。前者は琴の伴奏による声楽に、後者は琴音楽の器楽的な面に、より多くの価値を置いている。

長唄は日本音楽における古典派（die Klassik）である。これは十七世紀の中葉に一人の俳優［三代杵屋勘五郎（一六一九～一六九九）を指していると思われる］によって創り出され、この音楽の興隆とともに歌い手や踊り手を伴奏する音楽家たちが舞台に登場するようになった。それ以前は、音楽家たちは舞台の後ろで演奏していたのである。長唄の音楽で用いられる楽器は、三味線、撥で叩かれる太鼓、鼓、そして横笛であるフエである。

浄瑠璃の音楽は、劇音楽であり、これに合わせて古い劇作品や人形劇が演じられる。浄瑠璃の音楽は十四世紀に成立し、三味線が導入されるまでは、歌い手たちのリズムの指示のために、小さな鐘や鼓や拍子木が用いられていた。三味線の導入とともにこの音楽は大きな飛躍を見た。初期の時代には浄瑠璃の音楽家たちは数多く天皇の宮廷に招かれて、「掾《じょう》」や「小掾《しょうじょう》」といった（宮廷音楽家を意味する）名誉称号を与えられ、儀式用の着衣を身につけていた。そして彼らは今日に至るまでこれを身につける権利を所有している。

以上が今日なお存在する日本音楽の最も中心的な種類である。

日本音楽の起源について、古い年代記はただ、最初の歌や踊りは神々によって歌われ、戦いの歌は戦いの神によって歌われた、と述べているにすぎない。

朝鮮との密接で持続的な関係、ならびに高度に発達した朝鮮文化の日本人による受容を通じて、我々の時代の数え方で言えば五世紀にはすでに音楽に関しても朝鮮の影響が現れていた。最も古い年代記であるNihangi［ママ。『日本書記』のことであろう］によれば、朝鮮の皇帝が日本の允恭天皇（四一二〜四五三）の葬儀のために八十人の音楽家たちを日本に送り、彼らはそれからも宮廷にとどまった。その後、六世紀から七世紀への変わり目の頃に、こんどは中国音楽の影響が見られるようになった。中国音楽はMimashi［味摩之］という名の朝鮮人によって中国の音楽と舞踊のための学校を［大和の桜井に］創立することにより、日本にもたらされた。この学校で用いられた楽器は、さまざまな手太鼓、ゴング、笛、琵琶、六本から十二本までの竹管でできた一種のパンの笛である笙、ギターに似た五つの弦の楽器である五弦、日本・中国の琴、そして尺八であった。

日本の音楽文化は我々の概念で言えば絶対音楽、つまり器楽やオーケストラ音楽を、ごくわずかの規模においてしか用いていない。音楽はむしろ、歌、踊り、音楽、華麗な装飾、そして衣裳からなる一種の総合芸術の構成要素なのである。すなわち日本の古典的な劇は諸芸術の融合であり、俳優は歌い手の語り的な上演に合わせて舞踊し、歌い手はオーケストラと共に、踊りのすべての動きの支えとなる。これらの舞踊は音楽の表現の可視化であり、一方音楽も、それ自体が歌われる詩によって喚起されたものと言えるであろう。舞踊における動きはきわめて繊細で、美的に思慮深く構成される。身体全体、頭、眉毛、指、そして爪先が、表現の可能性のために用いられる。どの舞踊も、性的なものからは遠く、華麗な衣裳に包まれて上演される。これらの舞踊のうち最も有名なものは能、舞、そして踊りのダンスである。能のダンス（No-Tänze）は、もとは寺院のダンスであったが、仏教の僧侶たちによって民衆のために導入され、今日では寺院での務めから独立して、ゆっくりとした動きによるきわめて荘重なものとなっている。舞のダンス（Mai-Tänze）も同様にこうした儀式的な性格をもつが、他方、踊りのダンス（Odori-Tänze）はむしろ急速な動きによって感情の表現を行う。これらすべてのダンスは一人で踊られるものもあれば集団で踊られるものもある。

踊りの姿は驚くほどに美しく、華やかな重い絹地のキモノ（衣裳）、光の海に浮かんでくる様式感ゆたかに作り出された装飾、男や女の踊り手たちのよく揃った軽やかな動き、それに音楽、薄くて長く伸びてゆく旋律の弧線、それを支えるさまざまな種類の打楽器、鐘、ゴング、シンバル――我々ヨーロッパ人にはおそらく理解できない総合芸術であるが、しかし我々の心のうちに、内容と表現の点で高い芸術的価値の感情を無条件に生じさせる。

以上が、今日なおさまざまな流派において古くからの決まりを厳格に守っている日本の音楽の状況についての大まかな概観ということになろう。このまったく別の基盤の上に立てられた音楽文化とヨーロッパの音楽文化との混合が、これら二種類の音楽のうちの一つにとって益となるか否かについては、ただ将来のみが示しうる。いずれにせよ、様式の混合によって甚だしい危険が生じることは明らかであり、それは芸術作品の実際の価値を、完全に無にしてしまうことはないにしても、狭めてしまうおそれがある。こうした混合の危険が、ならびにそれと結びついた様式喪失の危険が、別の領域においても、日本を脅かしている。日本の国と人々が、自分に固有のものを多く失ってしまうであろうこと、この国と民族の性格全体が、別の文化に部分的にせよ吸収されることによって、変化するであろうことは、確かである。しかし、古くからの自らの文化を捨て去り、固有の文化の幹に異質の文化の花を接ぎ合わせることは、良いことであろうか？　時代と最後の結果とが、この問いに答えるであろう。

著述2　日本におけるヨーロッパ音楽と、日本音楽に対するその関係

日本はおよそ八十年前に、徳川時代に自ら望んで行ってきた二百年間の鎖国から抜け出し、自国の港をアメリカやヨーロッパからやってきた船に開放するよう強いられ、自分の国を諸外国に向けて開かねばならなくなった。そして日本はごくまもなく地球のこれらの地域の人々と密接に関わるようになり、彼らの風俗や習慣を知り、そしてそれらのうち日本にとって有益となるものを洞察するようになった。ロシアに対する軍事行動が日本の勝利となった後に、この島国は列強の仲間に入っていった。こうして日本は世界の他の国々の発展に関わり、世界全体の発展に関わらざるをえなくなった。東洋と西洋との根本的な相違のゆえに、日本は今や均衡にむけての仕事を要求されるようになり、そのために持てる力の大部分を注いでいった。追いつくべきもの、わがものとすべきと判断したものを、極力短い期間に極力すばやい速さで吸収するために、日本は自らのエネルギーをどれだけ多く注入していることか！　こうして日本人は外面的なこと、衣服、風俗、習慣においてもすでに非常に多くのものを西洋から受け入れ、自分の家をヨーロッパ風に建築し、あるいは自分の日本風の家に少なくともヨーロッパ風の部屋を設け、ヨーロッパ風の家具を配置し、少なくとも昼間の間は我々と同じような洋服を身にまとい、我々と同じような食事をするようになっている、等々。しかしその際見逃されてはならないのは、こうした生活全体の造り替えや切り替えは、日本

人にとってそれ自体一つの危険を孕んでいるのではないかということである。それは人間性が中途半端になってしまうという危険であり、生活の様式喪失の危険であり、日本が自らに固有なものの多くを失ってしまい、自分には異質なものをあまりに無条件に受け入れることによって自らの固有の姿を色あせたものとしてしまうという危険である。日本は自身にとって新しい地平を切り開くことに取りかかっているが、人々はおそらくこうしたことが正しいのか、自分の心にふさわしいことなのかどうか、十分に知ることなく、また知ることができずに行っている。こうした構築、こうした獲得、異国の所産を自己のものとすることが、すべての領域において、大きな熱心さと途方もない速さで行われている。日本の産業の大部分はアメリカを手本として構築されている。医学はドイツの学校に基づいており、軍隊はドイツの軍隊を模範としている。諸芸術の分野でも、また音楽の分野においても、このような、追いつこうとする努力、他の国々と同じレヴェルに立とうとする努力が顕著に見られる。この努力は歓迎されるべきものである。なぜならこうした努力の背景には、世界の一致という、また諸民族の相互接近という巨大な思想があるはずだからである。そしてまさにこのような西洋と東洋の接近から、相互の浸透という、深い探究が呼び起こされ、実際に可能となる。これはひとえにすべての人々にとって益となり、その恩恵は人類全体に与えられる！　過度に文明化された西洋の人々は、中国の人々が持つ永遠の価値について、東洋の諸民族の中に生きて働いているエートスの力について、いかにわずかしか知らないことか！　まさにこうした力が西洋には欠けているのであり、そのことをヨーロッパにおける最近の二十五年が、また今日のさまざまな出来事が、顕著に示している。相互に与えあい受けとりあうことが、東洋と西洋とに共通の道筋を歩ませるプロセスの核心とならなくてはならない！

さて、ここで我々は音楽の領域における二つの世界の接近の効果について考察してみよう。そのために我々はヨーロッパ音楽の教育と演奏会のシステムを考えてみなければならない。そして、日本音楽とヨーロッパ音楽の相互の影響について、そもそもそうしたことが成り立ちうるのかどうか、またどの程度可能なのか、明らかにしてみなければならない。

日本にはおよそ四十年前から東京に帝国音楽学校があり、そこではヨーロッパ音楽の実践とその教育とが綱領に掲げられている。初期の教師陣はほとんどもっぱらドイツの音楽家たちだった。名前を挙げるなら、日本の国歌の作曲者である［ママ。正しくは「日本の国歌に和声を付けた」］エッケルト、ユンカー、クローン、ショルツ、ヴェルクマイスター、そしてスウェーデン出身で日本人の歌の母といわれるペツォルト、である。今日、この学校ではピアニストのコハンスキー、女性声楽教育家のネットケ・レーヴェ、そして、合唱とオーケストラのクラスを受け持つルートループが活躍している。二年前から東京には、国立ではない第二の音楽学校、高等音楽院がある［国立《くにたち》音楽大学の前身の東京高等音楽学院（一九二六年開校）を指していると思われる］。日本の南の地域、関西では、音楽教育の状況は東京よりもいくぶん控え目であり、二つの学校があるにすぎない。すなわち、宝塚と神戸女学院の音楽部だけである。前者は女子だけが入学できる演劇学校で、将来の舞台歌手ならびにダンサーの養成を念頭におきつつ声楽とピアノを教えており、神戸・大阪間の急行電車の経営をしている阪急電鉄会社によって支えられている。神戸女学院の音楽学校の指導内容はもっと広範に及び、ピアノ、ヴァイオリン、声楽、和声法と対位法、総譜奏法と楽器法を扱っている。しかしこの学校にも短所がある——ミッションスクールとして、この学校も女子しか入学が許されていないのである。大阪は人口二百万の都市だが、音楽学校は一つもない［実際には一九一五（大正四）年に、今日の大阪音楽大学の前身である大阪音楽学校が創立されている］。日本の国民学校では歌の授業に特別の注意が向けられている。今日の童謡はすでにヨーロッパからの影響を受けており、我々のペリオーデン構造——4、8、16小節を単位とし、はっきりとしたカデンツが付く——によって作られている。これは日本の音楽にはもともと異質であったものである。

さて、教育の制度から、音楽の実際的な実践や演奏会制度に移ると、我々は今日、日本全体に、フル編成で、およそ六十人の日本人が固定給をもって継続的に雇用されているシンフォニー・オーケストラが二つあることがわかる。一つは東京の新交響楽団であり、もう一つは宝塚の宝塚交響楽協会のオーケストラである。これら二つのオーケストラの運営方針と実績を見ると、そこには教育に対する真面目な姿勢と意志がうかがえる。規則的に行われる予約［定期］演奏会は、日本の青年たちに対して、すべての国々と時代における真面目な内容の音楽を提供している。東京のオーケストラの指導は、ベルリンで音楽教育を受けた近衛秀磨の手に置かれている。五年前から存立している宝塚のオーケストラの創設者ならびに指導者は、本稿の執筆者である。

毎年、冬は、外国からのソロ演奏家たちでかなりにぎわっている。ただ残念ながら彼らのほとんどはアメリカからの演奏家たちで、上海で演奏会マネジメントをしているシュトロックが、日本との契約を通じて送り込んでくる。最近五年間に日本を訪れ、その芸術で日本の音楽愛好家たちを喜ばせたのは、ゴドフスキー、モイセイヴィッチ、ミュンツ、レヴィツキー、クライスラー、ハイフェッツ、ジンバリスト、ティボー、ハンゼン、マコーマックらである。このようにして今や我々はガリ＝クルチの歌も楽しむことができるようになった。これについてはミスター・シュトロックに改めて感謝しなければならない。

日本人が今や合唱音楽に注意を向けるようになり始めたことは、歓迎されるべきことである。残念ながらこの国では活動が細分されており、無数の小さな合唱団が作られているが、大きな団体がしっかりとした指導者のもとで形成されることも、実際の業績を残すこともない状態である。東京では音楽学校の合唱団が例えばベートーヴェンの第九とミサ・ソレムニスをとにかく演奏しているが、関西ではそうしたことはいまだ一度も行われていない。

放送がもたらす文化的恩恵は、もちろん日本も受け入れており、今日、東京、大阪、そして名古屋と、三つの放送局がある。しかし、放送が音楽にとって実際に積極的な価値をもっているかどうか、むしろ音楽の大衆的な普及は音楽にとって害となるのではないか、しかるべき気分と厳粛さが欠如し、音楽の価値を損ない、音楽を日常の、単なる暇つぶしの事柄へと押しやっているのではないか、といったことはなお未解決の問題である。このような疑問は、放送局の設備も演奏もよく、十分に価値のある芸術家のみをマイクの前に立たせているドイツにおいても最近しきりに繰り返されており、ここ東洋においてはなお一層大きな問題になっていると言えるだろう。

映画館やダンス・ホールでの小さなオーケストラは、完全にアメリカナイズされた姿を求めていて、ほとんどジャズ音楽だけをプリミティヴなかたちで行っている。日本のオーケストラ音楽家の大部分は各楽器について正式な訓練を得ているとは言えず、しかも昨今は無批判にジャズのような芸術実践に耽溺することもあるために、合奏において音楽的にあまりよい効果を出せないでいる。このジャズというアメリカの発明物がここ日本で誤解されることで引き起こしている災厄は量りがたく、若い音楽家たちの趣味を完全に駄目にし、彼らの真面目な学習意欲を蝕んでいる。

日本は我々の概念でいうオペラをもっていないが、その理由はまだ十分にそして的確に訓練された声の持ち主がいないことにある。ここにおいても我々はまさに、文化が形成される基盤は別々のものであり、それぞれ異なった文化の展開は、互いに異なった、さらには正反対とも言える、美的感覚へ至るということを知るのである。日本の浄瑠璃の歌い手は、上演において、あえて押しつぶしたような喉の響きを作り出すことによって、言葉により一層の表現力を添えようとしている。我々には理解しがたく、我々の耳や目には受け入れがたいが、日本の吟唱者（先唱者）のこうした種類の歌は日本の人には感銘と明らかな共感を呼び起こし、日本人はこれを実際美しいと感じているのである。したがって、日本人は彼らに本来的な、完全に慣れきった、先祖から受け継がれたところのシステムに反した歩みをしなければならなくなっている。そして自らとその環境を無理やり変換し、異質の歌唱芸術ならびに演奏芸術を獲得するための困難な闘いを戦わなければならなくなっている。

今日、すでに、日本が我々の概念に即した国民オペラの創造を考えていることの徴候がはっきりと現れているが、我々は、日本がそれに到達するものと確信することができる。最近のニュースによれば、山田耕筰が日本で最初のオペラのスコアを完成させたという。山田は日本の最も優れた音楽家であり、彼は日本の旋律をヨーロッパの形式の鋳型に新たに流し入れ、両者から一つの新しい統一体を作るという考えに向けて、自分の全精力を傾注している。

以上のことから、我々は次の問いに直面することになる。すなわち、一方では、日本の音楽に対するヨーロッパ音楽の影響はありやなしや、そしてそれはどの程度のものであるのか。そして他方では、ヨーロッパの音楽は日本の音楽から利益を引き出せるか、新しいものを獲得できるか、という問題である。

日本の音楽は完全に線的なものである。存在するのは旋律だけであり、単に水平的な音楽であって、そこには垂直的な響き合いや和声の可能性は考えられていない。日本人はそもそも和音を知らず、日本人の音楽は和音システムへの手がかりをもっていない。したがってヨーロッパは、こうしたシステムを、その極めて高度に発展した段階において日本にもたらしているのである。その段階というのは、おそらく、むしろ逆の方向に転化しており、和音の崩壊、和音をその構成要素である諸音へと解体すること、諸音を和声への顧慮なしに、線的な、さらには無調的な作曲方式において用いること、といった段階に至っている。したがって、日本の音楽が千年前から到達している地点に遭遇しているのであり、より単純なもの、プリミティヴなものへの遡行にも似ている。日本の旋律の、楽器での扱いはユニゾン的であり、単一的であり、見通しのよいものとなっている。用いられる楽器は琴、三味線、琵琶で、それらはそれぞれ、十三、三、四本の弦を持ち、プレクトラム（爪や撥）で弾かれる。さらに長い縦笛［尺八］や横笛、手や撥で叩く太鼓、拍子木等々の打楽器がある。弦楽器はただ一種類のピッツィカートしか知らず、そのため、純粋に音響的なものにとどまり、そこには我々の概念でいう、感情や心的なものを音で表現する可能性が欠けている。長い縦笛である尺八は、響きの上で、転調が可能と思われるが、日本人は特にそれを活用していない。日本人はこの楽器によってむしろ、主旋律に対する装飾や、先取りや、後続を好んで作り出し、旋律の終わりにメリスマをたっぷり施す形で即興演奏を行う。つまり一言でいえば、即物的（sachlich）に音楽する（musizieren）。打楽器は、細分化によってリズムを多様化する。一定のリズム定型というものがあって、これは聴き手たちにとって初めからわかるようなパターンで、繰り返し現れる。日本音楽の基本リズムは二分割、1-2であるが、ここでは両拍のアクセントは等しい強さである。これは日本の詩芸術と明らかに関連しているもので、そこではシラブルが数えられるが、強弱の違いをもたせることはないのである。一小節を三分割する我々のやり方は日本人の感情には受け入れがたく、ヨーロッパ音楽を演奏する際に大きな困難をもたらすものとなっている。日本音楽の形式に関して言えば、我々が「形式」として理解しているようなものはそこにはない。二小節から始まり、ソナタ形式に成長していくような組み立て方は、我々の巨匠たちの創造物である。日本人の音楽は常に歌である。その旋律はモティーフによる組み立てではなく、持続的に紡ぎだされてゆく。この作曲様式は、我々の表現でいえば「無限旋律」というのがおそらく最も近い名称であると言えるだろう。我々はそれゆえ、日本の作曲家によるヨーロッパ音楽の取り入れの可能性は大きく、和声法、対位法、リズム、楽器法、形式といった諸領域にわたって広く展開されうるものと考えてよいだろう。それでは、日本の音楽は、ヨーロッパの音楽家に何を提供できるであろうか？　旋律とその独自の特質を、である。これらの特徴は五音音階に基づく構造、ならびに一定の、繰り返し現れる旋律音程への偏愛から生じているもので、こうした旋律音程がこの音楽の識別や認知の記号にもなっている。きわめて頻繁に用いられる声部進行は、長3度を経て増4度へと上昇してゆく。この進行では到達された4度の音高にアクセントが置かれる。こうして変ロ-ニ-ホの系列がある。また逆にホ-

ニー変ロのように、旋律が、2度の音程を経て、低い4度に沈んでゆく形もある。このような諸特性を我々の音楽に取り入れることは、我々が意識的に異質の音楽を書こうとする意図を持っていることを示すものとなろう。つまり、そのような音階や旋律進行によってヨーロッパの音楽家が歌曲を書いたなら、それは無意図的に作られた響きとはほとんど思われないであろう。

日本の作曲家たちは、彼らの旋律にヨーロッパの和声を施し、ヨーロッパ的楽器法の衣裳をまとわせる可能性を追求し、これを完璧に利用することに大きく成功している。その点で最も豊かな天分の持ち主は、すでに触れた山田耕筰である。彼はドイツで音楽の研究をした人である。彼は彼の純粋に日本的な旋律を明らかに印象主義的と言えるような環境へ、つまりドビュッシーの音響世界へともたらしている。そもそもドビュッシーやラヴェルのようなフランス音楽や、リヒャルト・シュトラウスのような人の音楽は、一方ではそのオーケストラ的な色彩の華麗さによって、そして他方では線的進行と作曲様式の曖昧模糊とした性格によって、日本人の耳と趣味に最も入りやすいものと見られる。我々はこうした点に、目と耳の間のある種の連関を見いだすことができる。そして、日本人の純粋に印象主義的な絵画や素描美術から、我々は次のような推論を引き出せるかもしれない。すなわち、霧の中に立つ険しい山々が示す明瞭でない輪郭線、月の光が醸し出す独特の効果、そして海の気分、といった、日本人を取り巻く自然そのものが、日本人にこのような種類の芸術をまさに課してくる、と。したがって、日本人は、我々の古典音楽がもつ明瞭さ、その意識的な線進行と音楽的着想の徹底的な活用には、そもそもそれほど多くの価値を見いだしていないと言えよう。

こうしたことすべてが関連しあって、今や一つの独特な、混乱したイメージが生じてきている。それは次のような問いを提起するものとなろう。すなわち、日本人は何をなすべきか、この状況からどのようにして何かを導き出し自らの獲得物となしうるか、ということである。発展の可能性を見いだしてこなかった自国の音楽を見捨てるべきなのか、あるいはそれを作り替えるべきなのか、それをヨーロッパ音楽という異質な諸芸術によって包み込み、自分の国の人々には理解できない「異国的なもの」とすべきなのか、民族全体を、つまり音楽に対するその耳と感覚を、作り直すことを試みるべきなのか——これらはその広がりや意義や結果の点でもきわめて重大な問いであり、そのため、それに対する答はほとんど見いだせないように思われる。この点においても日本人は、自分固有のものを放棄し、異質なるものに同化してゆくべきか、という決断の前に立たされている。しかし正しい道というのは、両者をともに働かせること、すなわち［一方では］自らの三味線や琴の旋律をヨーロッパの飾り付けで駄目にしてしまわないこと、そして他方では、ヨーロッパの音楽に取り組み、これらの諸音の精神のなかに入り込んでゆくことを試みること、ではないだろうか？

ヨーロッパ人をオーケストラへと駆り立て、日本人の手に三味線を取らせるもの、それは、何か言い難いものを音楽によって表現しようとする同じ欲求である。しかし、表現の仕方は、つまりそこに生まれてくる表現の可能性ならびに形式は、互いに異なり、まったく別々の文化基盤の上に存する。したがって、これらの形式の完全な摂取や同化は不可能であり、そうした意欲は単なる模倣を越えることがない。そしてそのようなことは、単に否定的な価値を作り出し、固有のものを失わせることにもなる。他の諸民族の魂が浸透している場である表現の諸形式を、すなわち諸芸術を、理解しようとして学ぶ努力は、実りをもたらす。しかし、自らに最も根源的な仕方で自らを表現するという可能性を放棄したり、自らが生まれつきもっているのではない言葉によって語ったりするという努力は、実りをもたらさないであろう。

こうして我々は再びすでに示した主張に立ち至る。すなわち、日本には今、二つの、あるいはそれ以上の諸文明の間にあって、中途半端なものに、それ自体非文化的なものになってしまう危険がある、ということである。考える頭をもった日本の人たちが、Quo vadis〔汝何処に行くか?〕という真面目な問題について、すでに彼ら自身の警告の声を発している。この問いは日本人の物質的ならびに精神的な生活のすべての領域においていっそう多く投げかけられており、それに対する答が求められているのである。

あとがき（二〇一二年初版）

ブルックナー研究を続けているなかで出会ったヨーゼフ・ラスカという人物。その名前を知ってから二十年以上もの歳月が過ぎた。

まずは指揮者としての仕事を探り、やがて神戸女学院やオーストリアの各図書館の楽譜資料を実際の音楽として呼び覚ますことに力を注いだ。一九九八年十二月、日本音楽学会関西支部第二八〇回例会で《日本俳句及短歌十首》《日本の旋律》《組曲　奈良》《日本の絵》他を紹介したのが最初だった。この時に演奏していただいたソプラノの宍戸律子さん、ピアノの平田葉子さん、真野由利子さん、フルートの杉山佳代子さんには、その後も何度も重要な場面でお世話になった。

一九九九年からは《万葉集歌曲》などで窪田恵美子さんにも加わっていただいた。さらに二〇〇一年には大阪教育大学の寺尾正先生が主宰する「アンサンブル・ダッフォディル」の皆さんによって《詩編第十三篇》を演奏していただいた。二〇〇二年にはそのメンバーでもあるソプラノの東郷亜由美さんとピアノの佐野真弓さんに《イタリア（八つの歌曲）》を演奏していただいた。さらに同年六月には同志社大学で開かれた美学会西部会第二三八回研究発表会においてラスカの作品を紹介することになり、《七つの俳句》を取り上げた。そのため、宍戸さん、平田さん、杉山さんに急遽演奏をお願いし、京都のある教会で録音したのだが、研究発表後にその音楽をたいそう気にいったという声がいくつか聞かれ、力強い後ろ盾を得た思いがした。

そのころ大阪大学では二十一世紀COEプログラムのプロジェクトが始まり、本来の研究メンバーでなかった筆者にも研究メンバーの一人であった山口修教授より彼の提唱する「映像人文学」への寄与をということでお誘いがあり、巨大な予算の一部をバレエ・パントマイム《父の愛》の上演に向けて活用させていただいた。まずは神戸女学院大学の中村健教授にこの曲の自筆楽譜の校訂をお願いし、二〇〇三年六月、同教授の指揮する神戸女学院大学音楽学部管弦楽団によってオーケストラ・ヴァージョンの演奏を実現していただいた。これに先だってピアノ・ヴァージョンの演奏を当時大阪大学の大学院生であった小石かつらさんに行っていただき、楽譜校訂や録音などの作業のために、やはり大学院生であった福本康之君をチーフに、学部学生であった竹下美穂さん、溝渕悠理さん、山本信乃さんに頑張っていただいた。現在ウィーンを中心に声楽家として活躍している溝渕さんには、本文で取り上げていないラスカのいくつかの作品についても、筆者の拙いピアノ伴奏にて再現の労をとっていただいた。またラスカの日本時代のピアノ曲である《ソナチネ》については、当時音楽大学のピアノ科の学生であった姪の根岸真弓さんに弾いてもらった。

《父の愛》に戻るが、二〇〇四年一月、大阪芸術大学舞台芸術学科の協力を得て尼崎のピッコロシアターにて総合上演にこぎつけた。この目的のため、バレエダンサーで同大学の当時専任講師であった堀内充先生には二〇世紀初頭のバレエ振付の状況を振り返ったうえでダンスの構成を考案していただくとともに、みずからパパピエロとして出演もいただき、リスベット役の芦塚康子先生ならびに同学科四回生の皆さんとともに素敵な舞台上演を実現していただいた。この時の音楽についてはコンピュータに総譜のデータを入力することで疑似オーケストラの響きを準備することになったが、そのための作業に根気強く取り組み、ダンサー側からの繊細な要求にも見事に対応してくれたのが、当時研究生であった井手口彰典君である。現在は大学で教鞭を執っている気鋭の音楽学者であるが、彼の仕事がなかったら《父の愛》の世界初演という出来事は成立しなかった。なお、COEのプロジェクトという大きな営みを円滑に実現することができたのは、当時大阪大学の音楽学研究室で助手代理を務めていた岡村睦さんのプロデューサーとしての努力のおかげでもある。もちろん以上に挙げた方々以外にもたいへん多くの人々のお世話になった。

こうした歩みのなかで、幸いにも「宝塚」と「ラスカ」が再び結び合う出来事があった。本文でも触れたように、二〇〇二年と二〇〇三年、宝塚歌劇オーケストラの自主公演が行われ、ラスカの管弦楽曲である《日本組曲》と、ソプラノ独唱が入る管弦楽曲《深夜の歌》が演奏された。《日本組曲》は第一～三楽章の各冒頭部分と第四楽章全体が演奏されたのであるが、バウホールでのこの演奏会の総合司会を担当された落語家の桂小春団治さんとの対談は、彼の話力に終始圧倒されながらも得がたい体験となった。なおこの《日本組曲》は宝塚での演奏に先だって科学研究費補助金による研究の枠内で大阪大学の学生の皆さんを中心とする「ラスカ合奏団」によって演奏され、録音された。パートの人数が揃わずに木管楽器一本で二本分のやりくりをするなど、いろいろ苦労もあったが、当時大学院生であった音楽学者の山口篤子さんがプロデュースにがんばってくれたおかげで、効果的に進めることができた。

さて、以上の仕事が実現したのも、ラスカの楽譜等資料を所蔵している国内外の各図書館、すなわち、神戸女学院大学図書館、オーストリア国立図書館音楽部門、ウィーン図書館音楽部門、そしてリンツのアントン・ブルックナー私立大学図書館、ミュンヘン音楽演劇大学図書館の協力があったからこそであるが、それらの資料の複写や撮影は、権利継承者であるヨーゼフ・ライティンガー＝ラスカさんの積極的かつきわめて親切な助力があって可能になった。この点において筆者はまことにラッキーであったと言わねばならない。ライティンガー＝ラスカさんと妻イルゼさんにはオーストリアを訪ねるたびに変わらぬ歓迎を受け、数々の貴重な資料さえ提供していただいた。戦時中のラスカの鉛筆書きのノートを頂いたときには本当にびっくりしてしまったし、本年（二〇一二年）九月に訪ねたときにはチェコ国境に近いある村でワインを楽しみながら、ラスカの残したアルバムまで渡されてしまったのである（本書に掲載のラスカの父親などの写真で「～蔵」や「～提供」が記していないのはそのためである。もちろんいずれはお返ししなくては、と思っているのであるが…）。また一九九八年にラスカ作品を神戸女学院で紹介して以来、彼の神戸女学院における生徒でその後同校の教授を務められ、現在は米国在住の那須美恵子さんから、ラスカの人となりや、楽譜を含めてのさまざまな情報を提供していただいた。現在おそらく百歳に達しておられる那須さんであるが、ラスカから教えられたものをアメリカの生徒さんに教えておられることであろう。

仕事のなりゆきのゆえに、お世話になった方々について縷々挙げさせていただいたが、本書の執筆の経過についても少し記しておきたい。大阪大学出版会からの依頼は二〇〇七年のことであったが、定年に近づきつつあった筆者にとってはなかなかまとまった時間が取れないのみならず、ラスカの全体像を得るためにはあまりに乏しい資料の状況が続いていた。しかし二〇一〇年に大阪大学を退職するとともに任期付教員という形で就職した同志社大学においては、幸いにも教授会出席を免除されるのみならず、潤沢な個人研究費を提供され、これによって毎年オーストリアにおける資料探索及び入手の作業を円滑に行うことができ、ライティンガー＝ラスカさんとの新たな交流の展開もあって、ようやく執筆を進めることが可能になった。

このようにして一通り出来上がった段階の原稿をまずは現在宝塚歌劇百年事業に向けて活動を始めている池田文庫での研究会の席で披露させていただき、関西学院大学名誉教授で宝塚歌劇について造詣の深い津金澤聰廣先生や同館の学芸員である田畑きよ子さんから、貴重なご指摘をいただくことができた。そして大阪大学出版会編集部の岩谷美也子さんからは、本書の章構成などについて建設的な提案をいただいた。長い間不明であった宝塚交響楽団の定期演奏会の回数の問題についても、岩谷さんとの会話の中から腑に落ちる状況が得られたのである。さらに、同志社大学の大学院生で西洋美術史学を専攻している弥園綾奈さんには、本書の仕上げの段階で、画像の編集や、さまざまな細部についての制作やチェックをしていただいた。そして妻の明子からも、読者としての効果的な指摘を受けた。

ずいぶん長々しい「あとがき」になったが、先行研究のない、と言ってよいこの仕事は、多くの人々の協力があって初めて実現できたのであり、感謝の思いで一杯である。それでもまだまだ不明なところ、探究すべきところも多く、歴史を扱っている本書の宿命として、記述したものが改められていくことも免れえない。例えば「エピローグ」で記した大阪のフェスティバルホールや毎日ホールは、今ではあとかたも存在しないし、フェスティバルホールについては、来年（二〇一三年）のオープンをめざして新しいビルが出来上がりつつある。ということで、本書自体が「先行研究」として、繰り返したたき台になってゆくことが予想されるのであるし、そう期待したい。

ラスカの妻エレンは彼女の手記の最後に、「良いものはすべて時間がかかる、しかし永く続く。私は正義が今までの埋め合わせをしてくれると信じる！」と記した。本書がラスカの「良いもの」を伝え、いくばくかでも「埋め合わせ」をする手だてとなるなら、と願っている。

二〇一二年十一月

根岸　一美

宝塚交響楽団定期演奏会記録

1926年（大正15年）9月18日～1942年（昭和17年）3月14日

作　成：根岸 一美
作成協力：三村 利恵

凡 例

1）この「記録」は宝塚交響楽団の定期演奏会を、第1回から最後の第129回までにわたって主要な項目につき記録したものであり、開催の「年月日」（西暦）、「回」、「曲名」、「演奏者」、「備考」を掲げている。なお大阪大学出版会のホームページにおいても閲覧が可能である。

2）「回」については、プログラム等オリジナル資料に回数が記してある場合にはその数字を、それ以外のもので単に「定期演奏会」と称しているもの等については、前後関係から該当するとみなされる数字を、アンダーラインを施した上で記した。第11回から第22回までは累次の数字がなく、次に第47回となるが、この問題については上掲書第4章にて所見を記した。

3）同じ回数番号のもとに複数回開催された演奏会については、73-1のように、枝番号を付した。

4）第99回についてはプログラム等に同じ回数番号を示した2つの異なる日付及び内容の演奏会があるため、これらをそのまま順次掲げた。

5）1935年における第108回から第115回までについては若干複雑な事情があり、6月22日の第112回は前後関係から実際には第113回に当たるものと判断されうる。詳しくは根岸一美「宝塚交響楽団の歴史を再び調べ始めて―昭和10年（1935）を中心に―」（財団法人阪急学園［現・阪急文化財団］池田文庫『館報第14号』1999年4月、3～5頁）に記している。

6）「曲名」は当時の表記によるものではなく、外国人作曲者名、楽種名、曲名（邦訳名）、調名等、すべて今日における最も標準的な表記に改めた。なお外国人演奏者についても、今日最も標準的と思われる表記に改めた。

7）「指」＝指揮者。「曲名」および「演奏者」における略号は次の通りである（アルファベット順）：Alt＝アルト、Br＝バリトン、Bs＝バス、Cb＝コントラバス、Cho＝合唱、Cl＝クラリネット、Fl＝フルート、Hp＝ハープ、M-Sop＝メゾソプラノ、Ob＝オーボエ、Orch＝管弦楽、Pf＝ピアノ、Sop＝ソプラノ、Str＝弦楽、Ten＝テノール、Vc＝チェロ、Vla＝ヴィオラ、Vn＝ヴァイオリン。ただし、これらの表記は常に用いたわけではない。

8）「備考」における「＊本邦初演」については、主として宝塚交響楽団定期演奏会会員向け機関誌『シンフォニー』第11号（ラスカ先生謝恩演奏会号、1934年9月）に所収の「ラスカ先生指揮演奏曲目一覧」における初演記録に依拠した。

それより以後の期間においても「本邦初演」であったものは少なくないと思われるが、主催者側の資料に明記されていないため、本記録では記載を断念した。

9）本記録の作成のために必要な基本的資料は、財団法人阪急文化財団池田文庫に所蔵されている。貴重な資料の使用を許可してくださった同文庫に感謝の念を表したい。なお大阪音楽大学音楽研究所、大阪教育大学附属図書館、大阪府立中之島図書館、箕面市立中央図書館における各所蔵資料をも部分的に使用させていただいた。あわせて謝意を表する次第である。

年月日	回	曲目	演奏者	備考
1926.09.18	1	ベートーヴェン：交響曲第3番「英雄」 マスカーニ：アヴェ・マリア（Sop） カタラーニ：歌劇「ワリー」より（Sop） ボロディン：歌劇「イーゴリ公」序曲 ボロディン：交響詩「中央アジアの草原にて」 スクリャービン：夢想 op.24 シューマン：序奏とアレグロ・アパッショナート op.92（Pf+Orch） ワーグナー：楽劇「ニュルンベルクのマイスタージンガー」より第1幕への前奏曲	指：ラスカ Sop：ザヌッタ・ルビーニ Pf：P.ショルツ	於：宝塚小劇場 開演：19時
1926.10.16	2	シューベルト：交響曲第7番ロ短調「未完成」 ピルツ：弦楽とハープのためのラルゴ op.9 スヴェンセン：ノルウェー狂詩曲第1番 op.17 シベリウス：悲しいワルツ op.44 ワーグナー：「女声のための五つの詩」より 「悩み 」／「温室にて」（Sop） ラスカ：萎れたバラ（Sop） Ed.クレッチマー：劇的音詩 op.32	指：ラスカ Hp：高木和夫 Sop：高峰妙子	於：宝塚小劇場 開演：19時

年月日	回	曲目	演奏者	備考
1926.11.11	3	シューベルト：交響曲第７番ロ短調「未完成」 コレルリ：ラ・フォリア（オーケストラ伴奏付） ヴェルディ：歌劇「アイーダ」より（Sop） プッチーニ：歌劇「ラ・ボエーム」より（Sop） ボロディン：歌劇「イーゴリ公」序曲 チャイコフスキー：「憂鬱なセレナード」他４曲（Vn） ワーグナー：楽劇「ニュルンベルクのマイスタージンガー」より第１幕への前奏曲	指：ラスカ Vn：クレイン Sop：ルビーニ	於：大阪、朝日会館 開演：19 時
1926.11.20	4	モーツァルト：交響曲第 40 番ト短調 ？：ピアノ独奏曲 ムソルグスキー：交響詩「はげ山の一夜」 ？：セレナード グリンカ：歌劇「ルスランとリュドミラ」序曲	指：ラスカ Pf：パウル・カバレヨフ	於：宝塚大劇場 開演：19 時
1927.01.22	5	ハイドン：交響曲第 92 番ト長調 ブラームス：まどろみはいよいよ浅く（Sop） ブラームス：エオリアン・ハープに寄す（Sop） ラロ：スペイン交響曲（Vn+Orch） モナステリオ：シェラ・モレナ（Vn+Orch） モーツァルト（クライスラー編）：ロンド（Vn+Orch） チャイコフスキー：組曲第３番より「悲歌」 レビコフ：小組曲第２番 グリンカ：華麗なる奇想曲	指：ラスカ Sop：高峰妙子 Vn：遠藤和一	於：宝塚小劇場 開演：18 時 ＊レビコフは本邦初演
1927.02.19	6	ベートーヴェン：歌劇「フィデリオ」序曲 ベートーヴェン：交響曲第５番「運命」 ベートーヴェン：歌劇「フィデリオ」よりレオノーレのアリア ベートーヴェン：序曲「レオノーレ」第３番 ベートーヴェン：ああ、不実な者よ ベートーヴェン：バレエ音楽「アテネの廃墟」より行進曲	指：ラスカ Sop：高峰妙子	於：宝塚小劇場 開演：18 時 30 分 「楽聖ベートーヴェン百年祭」第１回記念演奏会

年月日	回	曲目	演奏者	備考
1927.03.26	7	ベートーヴェン：交響曲第3番「英雄」より「葬送行進曲」 ベートーヴェン：交響曲第6番「田園」 ベートーヴェン：ピアノ協奏曲第4番 ベートーヴェン：「エグモント」序曲	指：ラスカ Pf：カバレヨフ	於：宝塚大劇場 開演：18時30分 「楽聖ベートーヴェン百年祭」第2回記念演奏会
1927.04.09	8	ベートーヴェン：ピアノ三重奏曲第5番「幽霊」 ベートーヴェン：ピアノ・ソナタ第14番「月光」 ベートーヴェン：バレエ音楽「アテネの廃墟」よりトルコ行進曲（バレエ付き）	指：ラスカ （トリオ）Pf：金光子 Vn：河合喜六 Vc：柴田金太郎 （独）Pf：古谷幸一 舞踊演出：楳茂都陸平 同出演：雪組生徒	於：宝塚小劇場 開演：18時30分 「楽聖ベートーヴェン百年祭」-講演、音楽、舞踊の会-冒頭に安藤弘教授講演「ベートーヴェンの生涯事業」 予告では「第3回」であったが、当日は回数が削除されていた。
1927.04.23	9	ベートーヴェン：序曲「レオノーレ」第1番 ベートーヴェン：交響曲第2番 （プログラムでは「第7番」であった） ベートーヴェン：ヴァイオリン協奏曲 ベートーヴェン：「プロメテウスの創造物」序曲	指：ラスカ Vn：クレイン	於：宝塚小劇場 開演：19時 「楽聖ベートーヴェン百年祭」第4回記念演奏会。ただし、当日のプログラムでは「第3回」と記載。
1927.05.21	10	モーツァルト：交響曲第39番変ホ長調 キィーンツル：僧院の夕べ op.53-2（Hp+Str） マルシュナー：歌劇「ハンス・ハイリング」よりアリア（Br） メンデルスゾーン：オラトリオ「エリヤ」よりパウロのアリア（Br） ラモー（モットル編）：バレエ組曲 モーツァルト：トルコ風ロンド	指：ラスカ（？） Hp：高木和夫 Br：レヒナー	於：宝塚小劇場 開演：19時
1927.06.18	11	ブラームス：交響曲第4番ホ短調 ブラームス：ヴァイオリン協奏曲より第1楽章 ブラームス：「運命の歌」（Cho+Orch）	指：ラスカ Vn：クレイン 合唱：神戸ベートーフエン合唱団	於：宝塚大劇場 開演：19時 「楽聖ヨハンネス・ブラームス30年記念演奏会」

年月日	回	曲目	演奏者	備考
1927.07.23	12	ハイドン：交響曲第44番ホ短調「悲しみ」 ワーグナー：「女声のための五つの詩」より「温室にて」/「夢」（Sop+Pf） ハイドン：交響曲「鐘」（第101番「時計」？） グリンカ：歌劇「ルスランとリュドミラ」よりゴリスラヴァのアリア（Sop+Orch） チャイコフスキー：歌劇「スペードの女王」よりリーザのアリア（Sop+Orch）	指：ラスカ Sop：高峰妙子（ワーグナー） Sop：カラスロワ（グリンカ、チャイコフスキー）	於：宝塚小劇場 開演：19時
1927.08.20	13	ビゼー：カルメン組曲 ラフマニノフ：おお汝荒れ果てた戦場（Sop） チャイコフスキー：おお真昼よ（Sop） グレシャミノフ：広野を過ぎて（Sop） グリンカ：古徳（Sop） グリーグ：「ペール・ギュント」第1組曲 プッチーニ：歌劇「蝶々夫人」より（Sop）（たぶん「ある晴れた日に」） ビゼー：歌劇「カルメン」より「ハバネラ」（Sop）	指：ラスカ Sop：カラスロワ	於：宝塚大劇場 開演：19時 「宝塚交響楽夏季大演奏会」
1927.09.17	14	ベートーヴェン：交響曲第2番 バッハ：ヴァイオリン協奏曲第1番イ短調 タルティーニ：ヴァイオリン・ソナタト短調（悪魔のトリル）（Vn+Orch） バッハ：G線上のアリア（Vn+Orch） シューベルト：アヴェ・マリア（Vn+Pf） ノヴァチェック：8つの演奏会用カプリッチョ op.5より「無窮動」（Vn+Pf） スコット：2つの小品 op.47より「はすの花の国」（Vn+Pf） プロコフィエフ：スケルツォ（Vn+Pf） ブラームス：悲劇的序曲	指：ラスカ Vn.：ナウム・ブリンダー Pf：パヴロフスキー	於：宝塚大劇場 開演：19時

年月日	回	曲目	演奏者	備考
1927.10.22	15	ヴィヴァルディ：ヴァイオリン協奏曲ト短調 メンデルスゾーン：ヴァイオリン協奏曲 シューマン：「女の愛と生涯」より「あの人に会ってから」「誰よりも素晴らしい彼」「私にはわからない」(Sop) ワーグナー：歌劇「タンホイザー」よりエリーザベトのアリア（Sop） パガニーニ：カプリース2曲（Vn+Pf） ラフマニノフ（エルデンコ編）：「東洋のスケッチ」(Vn+Pf) エルデンコ：コール・ニドライ(Vn+Pf) ビゼー（サラサーテ編）：「カルメン」(Vn+Pf) メンデルスゾーン：交響曲第2番「讃歌」	指・Pf：ラスカ Sop：ゲルタ・ザント Vn：ミヒャエル・エルデンコ Pf：E.エルデンコ	於：宝塚大劇場 開演：19時
1927.11.19	16	ハイドン：チェロ協奏曲第2番ニ長調 モーツァルト：3つのドイツ舞曲 ダンディ：夢（Vc+Pf） ドビュッシー：船にて（Vc+Pf） ジョルジュ・ユー：スケルツォ(Vc+Pf) モシュコフスキー：ギターレ(Vc+Pf) モーツァルト：交響曲第31番「パリ」 グラズノフ：吟遊詩人の歌 op.71(Vc+Orch) チャイコフスキー：ロココの主題による変奏曲 op.33（Vc+Orch）	指・Pf：ラスカ Vc：シュピールマン	於：宝塚大劇場 開演：19時
1927.12.17	17	ボロディン：歌劇「イーゴリ公」序曲 ヴィヴァルディ：ヴァイオリン協奏曲イ短調 モーツァルト：ヴァイオリンのためのアダージョホ長調 K.261（Vn+Pf） クライスラー：ポルポラのスタイルによるメヌエット（Vn+Pf） メンデルスゾーン：カンツォネッタ(Vn+Pf) ファリャ：スペイン舞曲第1番（Vn+Pf）(歌劇「はかない人生」より) ラヴェル（モギレフスキー編）：カディッシュ（2つのヘブライの歌第1曲）(Vn+Pf) R.コルサコフ：ロシアの主題による幻想曲（Vn+Pf） チャイコフスキー：ヴァイオリン協奏曲	指：ラスカ Vn：モギレフスキー Pf：レヒテンベルク姫	於：宝塚大劇場 開演：19時

年月日	回	曲目	演奏者	備考
1928.01.21	18	ワーグナー：歌劇「ローエングリン」前奏曲 ワーグナー：歌劇「ローエングリン」より「エルザの夢」（Sop） ワーグナー：歌劇「さまよえるオランダ人」よりアリア（Br） ワーグナー：ジークフリート牧歌 ワーグナー：楽劇「ニュルンベルクのマイスタージンガー」より「ザックスの迷いのモノローグ」（Br） ワーグナー：歌劇「タンホイザー」よりエリーザベトのアリア（Sop） ワーグナー：楽劇「ニュルンベルクのマイスタージンガー」より［第1幕への］前奏曲	指：ラスカ Sop：カラスロワ Br：レヒナー	於：宝塚大劇場 開演：18時 「リヒャルト・ワーグナーの夕べ」
1928.02.18	19	ウェーバー：歌劇「魔弾の射手」序曲 ベートーヴェン：ヴァイオリン協奏曲 ベートーヴェン：「エグモント」序曲 ニールセン：交響曲第1番ト短調	指：ラスカ Vn：クレイン	於：宝塚中劇場 開演：19時
1928.03.17	20	モーツァルト：歌劇「フィガロの結婚」序曲 バッハ：ブランデンブルク協奏曲第2番 モーツァルト：ピアノ協奏曲第13番ハ長調 ハイドン：交響曲第104番ニ長調「ロンドン」	指：ラスカ Pf：廣田美須須	於：宝塚小劇場 開演：19時
1928.05.19	21	オネゲル：交響詩「夏の牧歌」 ストラヴィンスキー：小管弦楽のための組曲第2番 ゲオルク・ヨークル：弦楽とハープのための夜楽 バルトーク：ルーマニア民族舞曲 ハイドン：交響曲第94番「驚愕」	指：ラスカ Hp：高木和夫	於：宝塚小劇場 開演：19時30分 「近代音楽の夕べ」 ＊ヨークルは本邦初演
1928.06.14	22	バルトーク：ルーマニア民族舞曲 ゲオルク・ヨークル：弦楽とハープのための夜楽 ストラヴィンスキー：小管弦楽のための組曲第2番 ムソルグスキー：交響詩「はげ山の一夜」 J.H.（sic）ヒラー：恵み（女声合唱） メンデルスゾーン：ローレライ（女声合唱）［シューマン：「流浪の民」との記録もあり］ ニールセン：交響曲第1番ト短調	指：ラスカ Hp：高木和夫 合唱：宝塚女声コーラス団（指揮：金 健二）	於：神戸市下山手基督教青年会館 開演：19時30分

年月日	回	曲目	演奏者	備考
1928.07.21	47	ボロディン：歌劇「イーゴリ公」序曲 チャイコフスキー：ピアノ協奏曲第1番 op.23 スクリャービン：夢想 op.24 スクリャービン：ピアノ協奏曲嬰ヘ短調 op.20	指：ラスカ Pf：フツィエフ	於：宝塚大劇場 開演：19時 「ロシア音楽の夕べ」
1928.08.25	48	オッフェンバック：喜歌劇「天国と地獄」序曲 ドヴォルジャーク：スラブ舞曲 op.46 ストラヴィンスキー：ラグタイム オスカル・ネドバル：舞踏組曲「老いたるハンス」［怠け者の物語］ J. シュトラウス：喜歌劇「こうもり」序曲	指：ラスカ	於：宝塚小劇場 開演：19時30分 ＊ネドバルは本邦初演
1928.09.22	49	シューベルト：「魔法の竪琴」（ロザムンデ）序曲 シューベルト（ラスカ編）：すみか（Orch+Br）（「白鳥の歌」第5曲） シューベルト（レーガー編）：老年の歌（Orch+Br）D778 シューベルト（モットル編）：無限なるものに（Orch+Br）D291 シューベルト：交響曲第4番「悲劇的」 シューベルト：「ロザムンデ」より「羊飼いの合唱」（Orch+ 混声 Cho）	指：ラスカ Br：レヒナー 合唱：大阪ゲミッシュターコール	於：宝塚大劇場 開演：19時 「シューベルト百年祭」第1回記念演奏会
1928.10.20	50	シューベルト：イタリア風序曲第1番ニ長調 シューベルト（リスト編）：「さすらい人幻想曲」（Pf+Orch） シューベルト：交響曲第8番ハ長調「グレート」	指：ラスカ Pf：フツィエフ	於：宝塚大劇場 開演：19時 「シューベルト百年祭」第2回記念演奏会
1928.12.08 （当初は1日に予定されていた）	51	シューベルト：「ロザムンデ」よりバレエ音楽 シューベルト：ドイツ舞曲 シューベルト：交響曲第7番ロ短調「未完成」 シューベルト（リスト編）：魔王（Sop+Orch） シューベルト（レーガー編）：君こそわが憩い（Sop+Orch）D776 シューベルト（モットル編）：全能の神（Sop+Orch）D852	指：ラスカ Sop：カラスロワ	於：宝塚中劇場 開演：19時 「シューベルト百年祭」第3回記念演奏会

年月日	回	曲目	演奏者	備考
1929.01.19	52	ハイドン：交響曲第101番ニ長調「時計」 ラスカ：イタリア（8つの歌曲） R. コルサコフ：歌劇「5月の夜」序曲 チャイコフスキー：幻想曲「運命」op.77 ダルゴムィスキー：フィンランド幻想曲	指・Pf：ラスカ Sop：野崎住子	於：宝塚小劇場 開演：19時 ＊ラスカは本邦初演
1929.02.23	53	ペルゴレージ（ピエンナート編）：サルヴェ・レジナ（Sop+Alt+Cho+Str+Pf） モーツァルト：交響曲第41番ハ長調「ジュピター」 マーラー：亡き子をしのぶ歌（M-Sop+Orch） ニコライ：歌劇「ウィンザーの陽気な女房たち」序曲	指・Pf：ラスカ Sop：浦野まつほ Alt：早蕨郁子 女声合唱：宝塚コーラス団 M-Sop：ダンネール	於：宝塚中劇場 開演：19時
1929.04.25	54	ベートーヴェン：交響曲第2番 メサジェ：フォルトゥニオ（Br+Pf） レオンカヴァルロ：歌劇「ザザ」より「ザザ、かわいいジプシー娘よ」（Br+Pf） マイアーベーア：歌劇「ディノラ」第3幕よりシェーナとロマンツァ（Br+Pf） チャイコフスキー：ドン・ファンのセレナード（Br+Pf） ボッケリーニ：メヌエット アルフレード・カタラーニ：歌劇「ローレライ」より「オンディーヌの踊り」（Orch） ルイ・ガンヌ：アラビア舞曲 モーツァルト：歌劇「ドン・ジョヴァンニ」序曲	指・Pf：高木和夫 Br：小森 譲	於：宝塚中劇場 開演：19時
1929.05.18	55	J.C. バッハ：シンフォニア ロ長調 マーラー：亡き子をしのぶ歌 ドヴォルジャーク：交響曲第9番「新世界より」	指：ラスカ M-Sop：ダンネール	於：宝塚大劇場 開演：19時
1929.06.25	56	ウェーバー：歌劇「魔弾の射手」序曲 フランツ・ベルワルド：シンフォニー・ジングリーレ［交響曲第3番］ モーツァルト：2台のピアノとオーケストラのための協奏曲変ホ長調 ドビュッシー：小組曲	指：ラスカ Pf：角田静江 山岡次子	於：宝塚大劇場 開演：19時30分

年月日	回	曲目	演奏者	備考
1929.07.20	57	ズデンコ・フィビヒ：序曲「カールシュタインの夜」 スメタナ：交響詩「サルカ」(「わが祖国」第3曲) ゲオルク・ヨークル：弦楽四重奏による4つの歌 リヒャルト・ヴェッツ：女声合唱とオーケストラのための「夏の夜の夢」 オイゲン・ツァドル：童話劇「ハンネレの昇天」序曲	指：ラスカ Sop：浦野まつほ 合唱：宝塚コーラス団	於：宝塚大劇場 開演：19時30分 ＊フィビヒとツァドルは本邦初演
1929.08.17	58	ロッシーニ：歌劇「ウィリアム・テル」序曲 ズデンコ・フィビヒ：「夕べに」(牧歌) モシュコフスキー：スペイン舞曲 op.12 チャイコフスキー：交響曲第4番ヘ短調	指：ラスカ	於：宝塚大劇場 開演：19時30分 ＊フィビヒは本邦初演
1929.09.21	59	ハインリッヒ・ツェルナー：歌劇「沈鐘」より第5幕への前奏曲 ワーグナー：楽劇「パルジファル」より「聖金曜日の不思議」 シューベルト：交響曲第4番ハ短調「悲劇的」 ワーグナー：歌劇「タンホイザー」序曲	指：ラスカ	於：宝塚大劇場 開演：19時30分 ＊ツェルナーは本邦初演
1929.10.26	60	モーツァルト：歌劇「魔笛」序曲 メンデルスゾーン：交響曲第3番「スコットランド」 マリピエロ：沈黙の序楽 リスト：交響詩「前奏曲」	指：ラスカ	於：宝塚中劇場 開演：19時30分 ＊マリピエロは本邦初演
1929.11.20	61	バッハ(レーガー編)：管弦楽組曲第5番ト短調 ディッタースドルフ：交響曲ハ長調 グレトリ(モットル編)：舞踊組曲 モーツァルト：歌劇「皇帝ティトゥスの慈悲」序曲	指：ラスカ	於：宝塚小劇場 開演：19時
1929.12.21	62	ベルリオーズ：序曲「ローマの謝肉祭」op.9 ワーグナー：歌劇「タンホイザー」第3幕より「前奏曲」「第1場」(エリーザベト(Sop)ヴォルフラム(Br)及び巡礼の合唱、エリーザベトの祈り)、「第2場」(ヴォルフラムの「夕星の歌」(Br)) ヨアヒム・ラフ：交響曲第3番ヘ長調「森にて」op.153	指：ラスカ Sop：野崎住子 Br：レヒナー 合唱：神戸セレスティーナ合唱団／大阪パロマ・クラブ	於：宝塚中劇場 開演：19時30分 英字プログラムでは「第63回定期演奏会」となっている。 ＊ラフは本邦初演

年月日	回	曲目	演奏者	備考
1930.01.18	63	モーツァルト：歌劇「フィガロの結婚」序曲 ラモー（モットル編）：舞踏組曲 ヴィエニアフスキ：伝説曲（Vn+Pf） ブラームス：ハンガリー舞曲第２番（Vn+Pf） スヴェンセン：「ロマンス」ト長調op.26（Vn+Pf） ヴュータン：ファンタジー・カプリース（Vn+Pf） ベートーヴェン：交響曲第１番	指・Pf：ラスカ Vn：峰谷龍子	於：宝塚小劇場 開演：19時
1930.02.22	64	ヴェルディ：歌劇「椿姫」より「前奏曲」／「二重唱」（Sop, Br）（第２幕第１場） ベートーヴェン：交響曲第５番ハ短調「運命」 ビゼー：歌劇「カルメン」より「ミカエラのアリア（Sop）」／「闘牛士の歌（Br）」 ニコライ：歌劇「ウィンザーの陽気な女房たち」序曲	指：ラスカ Br：レヒナー Sop：野崎住子（椿姫） Sop：草笛美子（ミカエラ）	於：宝塚中劇場 開演：19時
1930.03.20	65	グレトリ：歌劇「村人の試練」序曲 レビコフ：小組曲第１番 ゲオルク・ヨークル：歌曲「愛らしき雨」／「私とあなた」（Sop+Pf） ワーグナー：「女声のための５つの詩」より「夢」／「悩み」（Sop+Pf） ドヴォルジャーク：「８つのワルツ」op.54より第１、４曲 ドビュッシー：レントよりも遅く（ワルツ） モーツァルト：交響曲第31番ニ長調「パリ」	指・Pf：ラスカ Sop：高峰妙子	於：宝塚小劇場 開演：19時 ＊レビコフは本邦初演
1930.04.19	66	ベートーヴェン：「アテネの廃墟」序曲 アンリ・マルトー：木管のためのセレナード ベートーヴェン：12のドイツ舞曲 アルミン・クナープ：アルトと女声合唱と小管弦楽のためのカンタータ「マリアの誕生」 ハイドン：交響曲第44番ホ短調「悲しみ」	指：ラスカ Sop：高峰妙子 女声合唱：宝塚コーラス団	於：宝塚小劇場 開演：19時30分 ＊マルトーとクナープは本邦初演

年月日	回	曲目	演奏者	備考
1930.08.09	67	ウェーバー：歌劇「オベロン」序曲 ブラームス：ハンガリー舞曲第1、3番 ビゼー：歌劇「カルメン」より「ハバネラ」(Sop：三浦) ベッリーニ：歌劇「夢遊病の女」より第1場終曲 ズデンコ・フィビヒ：交響曲第2番変ホ長調 op.38	指：ラスカ 独唱：三浦時子、浦野まつほ、草笛美子、櫻井七重、草路潤子、他 合唱：宝塚声楽専科生	於：宝塚大劇場 開演：19時30分 ＊フィビヒは本邦初演
1930.09.23	68	メンデルスゾーン：序曲「フィンガルの洞窟」 エミリウス・ハルトマン：交響詩「ハコン・ヤルル」op.40 グリーグ：「ペール・ギュント」第1組曲 グラズノフ：交響曲第1番ホ長調「スラブ」	指：ラスカ	於：宝塚小劇場 開演：19時30分 ＊ハルトマンは本邦初演
1930.10.16	69	ベートーヴェン：「エグモント」序曲 ストラヴィンスキー：小管弦楽のための組曲第2番 R.コルサコフ：交響曲第3番 op.32 ワーグナー：皇帝行進曲	指：ラスカ	於：宝塚大劇場 開演：19時30分
1930.11.12	70	モーツァルト：歌劇「フィガロの結婚」序曲 モーツァルト：3つのドイツ舞曲 ベートーヴェン：交響曲第4番 レオーネ・シニガリア：ピエモンテ舞曲集 op.31 シューベルト（ブレッヒャー編）：軍隊行進曲	指：ラスカ	於：宝塚大劇場 開演：19時30分 ＊シニガリアは本邦初演
1930.12.20	71	ベルリオーズ：序曲「ロブ・ロイ」 グラズノフ：交響曲第2番嬰ヘ短調 マスカーニ：歌劇「カヴァレリア・ルスティカーナ」(実演)	指：ラスカ Sop：浦野まつほ M-Sop.：高峰妙子 Ten：岸田辰彌 Br：小森 譲 Alt：櫻井七重 Sop：草笛美子、三浦時子、橘 薫 その他 声楽専科生40名全員	於：宝塚中劇場 開演：19時 「交響楽とグランド・オペラの夕」

年月日	回	曲目	演奏者	備考
1931.01.24	72	モーツァルト：歌劇「魔笛」序曲 モーツァルト：交響曲第41番「ジュピター」 ニールセン：交響詩「サガの夢」op.39 シベリウス：悲しいワルツ リヒャルト・フルーリー：謝肉祭交響曲	指：ラスカ	於：宝塚大劇場 開演：19時30分 ＊ニールセンとフルーリーは本邦初演
1931.02.17	73-1	リスト：交響詩「前奏曲」 クルト・トーマス：セレナードop.10 ベートーヴェン：ピアノ・ソナタ第23番「熱情」（バレエ付きで上演） チャイコフスキー：交響曲第6番ロ短調「悲愴」	指：ラスカ Pf：ヴィラベルデ 按舞：楳茂都陸平 舞踊手：宝塚舞踊専科生徒8名	於：大阪、朝日会館 開演：19時30分 大阪定期（朝日新聞社会事業団と提携し、大阪・神戸の両都市で年8回行う）第1回 ＊トーマスは本邦初演
1931.02.24	73-2	上に同じ	上に同じ	於：旧関西学院講堂 開演：19時30分 大阪定期第1回・神戸
1931.03.18	74-1	R.コルサコフ：交響曲第3番op.32 クルト・アッテルベリ：組曲「バロック」op.23 ベルリーニ：歌劇「ノルマ」よりカヴァティーナ（Sop+Pf） ジョルダーノ：歌劇「アンドレア・シェニエ」より「母マルタの死(Sop+Pf)」 プッチーニ：歌劇「ラ・ボエーム」より「私の名はミミ」（Sop+Pf） ノヴァーク：交響詩「タトラ山にて」 J.シュトラウス：喜歌劇「こうもり」序曲	指：ラスカ Pf：チェカレリー Sop：浦野まつほ	於：大阪、朝日会館 開演：19時30分 大阪定期第2回 ＊ノヴァークは本邦初演
1931.03.19	74-2	上に同じ	上に同じ	於：旧関西学院講堂 開演：19時30分
1931.04.24	75	メンデルスゾーン：序曲「フィンガルの洞窟」 ヘルマン・ツィルヒャー：ソプラノとピアノ三重奏のための「ロココ組曲」op.65 ブルックナー：交響曲第4番「ロマンティック」	指・Pf：ラスカ Sop：野崎住子 Vn：遠藤和一 Vc：一柳信二	於：宝塚大劇場 開演：19時30分 ＊ツィルヒャーとブルックナーは本邦初演

年月日	回	曲目	演奏者	備考
1931.05.20	76	マスネ：序曲「フェードル」 モーツァルト：ディヴェルティメント第11番 サン＝サーンス：チェロ協奏曲第1番 ベートーヴェン：交響曲第4番	指：ラスカ Vc：一柳信二	於：宝塚中劇場 開演：19時30分
1931.06.22	77-1	モーツァルト：「幻想曲」ハ短調 K.475 モーツァルト：クラリネット五重奏曲イ長調 K.581（Cl+Str） モーツァルト：歌曲「夕べの想い」（Alt+Pf） モーツァルト：歌曲「すみれ」（Alt+Pf） モーツァルト：歌曲「クローエに」（Alt+Pf） モーツァルト：ヴァイオリン・ソナタヘ長調（Vn+Pf） モーツァルト：アイネ・クライネ・ナハトムジーク	指・Pf：ラスカ Alt：加藤貞子 Pf：諏訪輝子（幻想曲のみ） Vn：遠藤和一 Cl：山田敬一	於：大阪・朝日会館 開演：19時30分 大阪定期第3回 「第1回モーツァルト祭・室内楽の夕」
1931.06.23	77-2	上に同じ	上に同じ	於：旧関西学院講堂 開演：19時30分 大阪定期第3回・神戸「第1回モーツァルト祭・室内楽の夕」
1931.07.18	78-1	ビゼー：「カルメン」組曲 ダンツァ：「エストレッリタ」より「スペインのセレナード」（Sop+Pf） ルビンシュタイン：アスラ（Sop+Pf） プッチーニ：歌劇「トスカ」より「歌に生き、恋に生き」（Sop+Pf） グリーグ：「ペール・ギュント」第1組曲 ビゼー：歌劇「カルメン」よりミカエラの歌（Sop+Orch） ヴェルディ：歌劇「椿姫」より「ああ、そはかの人か」／「花から花へ」（Sop+Orch） チャイコフスキー：交響曲第4番ヘ短調	指：ラスカ Sop：明津麗子（Pf伴奏） Pf：チェッカレッリ Sop：草笛美子（Orch伴奏）	於：大阪、朝日会館 開演：19時30分 大阪定期第4回
1931.07.21	78-2	上に同じ	上に同じ	於：旧関西学院講堂 開演：19時30分 大阪定期第4回・神戸

年月日	回	曲目	演奏者	備考
1931.08.22	79	モーツァルト：歌劇「後宮からの逃走」序曲 モーツァルト：ピアノ協奏曲ニ長調「戴冠式」（カデンツァ：ラスカ） モーツァルト：交響曲ニ長調（メヌエットなし） モーツァルト：歌劇「ドン・ジョヴァンニ」よりエルヴィラのアリア「あの恩知らずは約束を破って」 モーツァルト：歌劇「フィガロの結婚」よりケルビーノのアリア「新しい喜び、新しい苦しみ」（第1幕） モーツァルト：トルコ風ロンド	指：ラスカ Sop：野崎住子 Pf：岡田文子	於：宝塚大劇場 開演：19時30分 「第2回モーツァルト祭・シンフォニーの夕」
1931.09.17	80 -1	ボロディン：歌劇「イーゴリ公」序曲 トマ：歌劇「ミニヨン」より「フィリーネのポロネーズ」（Sop+Pf） オッフェンバック：歌劇「ホフマン物語」より「オリンピアのアリア」（Sop+Pf） ヴェルディ：歌劇「仮面舞踏会」より「オスカルのアリア」（Sop+Pf） グリーグ：「ペール・ギュント」第2組曲 シューベルト：春の夢（Sop+Pf） シューマン：月の夜（Sop+Pf） レーガー：森の孤独（Sop+Pf） ラスカ：夢の森（Sop+Pf） ベートーヴェン：交響曲第2番ニ長調	指・Pf：ラスカ Sop：エミー・トーマ	於：旧関西学院講堂 開演：19時30分 大阪定期第5回・神戸 ＊ラスカは本邦初演
1931.09.18	80 -2	上に同じ	上に同じ	於：大阪・朝日会館 開演：19時30分 大阪定期第5回
1931.10.21	81 -1	モーツァルト：交響曲第40番ト短調 モーツァルト：レクイエム	指：ラスカ Sop：野崎住子 Alt：ダンネール Ten：ブカナン Bs：寶光井公雄 合唱：大阪コーラル・ソサエティ	於：大阪、朝日会館 開演：19時 「モーツァルト生誕175年祭」 大阪定期第6回？
1931.10.22	81 -2	上に同じ	上に同じ	於：旧関西学院講堂 開演：19時 「モーツァルト生誕175年祭」

年月日	回	曲目	演奏者	備考
1931.11.25	82	ベートーヴェン:「エグモント」より序曲 ベートーヴェン:「エグモント」より第1曲「太鼓は響く」/第4曲「喜びに満ち、悲しみに満ち」(Sop+Orch) ベートーヴェン:交響曲第8番へ長調 ベートーヴェン:ピアノ協奏曲第5番「皇帝」	指:ラスカ Sop:櫻井愛子 Pf:池原順子	於:宝塚大劇場 開演:19時30分 「ベートーヴェンの夕」
1931.12.19	83	ボワエルデュ:歌劇「白衣の婦人」序曲 ハイドン:交響曲第92番ト長調「オックスフォード」 ヘルマン・ヴンシュ:小喜劇組曲op.37 チャイコフスキー:幻想曲「運命」op.77	指:ラスカ	於:宝塚中劇場 開演:19時30分
1932.01.20	84	メンデルスゾーン:付随音楽「アタリー」序曲 ロッシーニ:歌劇「セヴィリアの理髪師」より「見よ空にほほえむ」(Ten+Pf) レオンカヴァッロ:歌劇「道化師」より「笑え道化師」(Ten+Pf) メンデルスゾーン:ヴァイオリン協奏曲 ラスカ:ソプラノとオーケストラのための8つの中国の詩による「深夜の歌」 グラズノフ:交響曲第1番ホ長調「スラブ」	指:ラスカ Sop:野崎住子 Ten:阿部幸次 Pf:高木和夫 Vn:貴志康一	於:大阪・朝日会館 開演:19時30分 *ラスカは本邦初演
1932.02.20	85	ベートーヴェン:交響曲第1番ハ長調 ムソルグスキー(R.コルサコフ編):交響詩「はげ山の一夜」 プッチーニ:歌劇「ラ・ボエーム」より第1幕(扮装所作付にて演出) ドビュッシー(ビュッセル編):小組曲 リスト(中川榮三編):ハンガリー狂詩曲第2番	指:中川榮三 Sop:浦野まつほ Ten:岸田辰彌	於:宝塚大劇場 開演:19時 「中川榮三氏帰朝記念演奏会」
1932.03.16	86	フランク:交響曲ニ短調 ラヴェル:ボレロ G.シャルパンティエ:組曲「イタリアの印象」	指:山田耕筰	於:宝塚大劇場 開演:19時30分 「フランス音楽の夕」

年月日	回	曲目	演奏者	備考
1932.04.20	87	ベートーヴェン：バレエ音楽「アテネの廃墟」より「トルコ行進曲」 モーツァルト：歌劇「後宮からの逃走」より「ブロントヒェンのアリア」(Sop+Orch) モーツァルト：歌劇「魔笛」より「夜の女王の復讐のアリア」(Sop+Orch) カルル・ブライレ：ゲーテの「狐ライネケ」序曲 ヴェルディ：歌劇「リゴレット」より「ジルダのアリア」(Sop+Orch) プッチーニ：歌劇「ラ・ボエーム」より「ムゼッタのワルツ」(Sop+Orch) グラズノフ：交響曲第5番変ロ長調	指：ラスカ Sop：エミー・トーマ	於：宝塚大劇場 開演：19時30分 *ブライレは本邦初演
1932.05.17	88	ハイドン：序曲ニ長調 ハイドン：交響曲第102番変ロ長調 ハイドン：オラトリオ「天地創造」より第7, 8, 14, 15曲 ハイドン：交響曲第100番ト長調「軍隊」 ハイドン：オラトリオ「天地創造」より第4, 13曲	指：ラスカ Sop：野崎住子 Ten：野田静夫 Bas.：上野勝教 合唱：アサヒ・コーラス団、若葉会混声合唱団	於：大阪、朝日会館 開演：19時30分 「ハイドン生誕200年祭」 *序曲ニ長調（詳細不明）は本邦初演
1932.06.18	89	ジュリアス・クラッス：舞踏組曲「華かなりし頃」(Fl+Ob+Str) グノー：歌劇「ファウスト」より「ヴァランタンの祈りの歌」(Br+Orch) グノー：歌劇「ファウスト」より「宝石の歌」(Sop+Orch) グルック：歌劇「オルフェオとエウリディーチェ」(第3幕) ディッタースドルフ：交響曲ハ長調	指：ラスカ Sop：下里智恵子（グノー）／加藤榮子（エウリディーチェ）／大木あき子（アモール） Alt：加藤貞子（オルフェオ） Br：藤堂顕一郎（グノー） 合唱：アサヒ・コーラス団／神戸女学院有志	於：宝塚中劇場 開演：19時30分 *クラッスは本邦初演
1932.07.14	90	ウェーバー：歌劇「魔弾の射手」序曲 R.コルサコフ：歌劇「サドコ」より「インドの歌」(Sop+Orch) 山田耕筰：十六夜月（Sop+Orch） 山田耕筰：松島音頭（Sop+Orch） モーツァルト：アイネ・クライネ・ナハトムジーク ビゼー（山田耕筰編）：歌劇「カルメン」より「ハバネラ」／「ジプシーの歌」(M-Sop+Orch) チャイコフスキー：交響曲第6番「悲愴」	指：山田耕筰 Sop：草笛美子 M-Sop：三浦時子	於：大阪、朝日会館 開演：19時30分

年月日	回	曲目	演奏者	備考
1932.09.10	91 -1	ベートーヴェン：交響曲第3番「英雄」（「現代独逸の演奏解釈により」第2楽章と第3楽章を入れ替え） チャイコフスキー：序曲「1812年」 ビゼー：歌劇「カルメン」抜粋四幕構成（日本語上演）	指：ラスカ 指：中川栄三（カルメン） カルメン：三浦時子 ミカエラ：橘 薫 ドン・ホセ：小野博門 エスカミーリョ：上野勝教 フラスキータ：草路潤子 メルセデス：櫻井七重 その他：声楽専科生徒、舞踊専科生徒、男声研究科生徒	於：大阪、朝日会館 開演：19時 「シンフォニーとオペラ（実演）の夕」 大阪定期第7回
1932.09.12	91 -2	上に同じ	上に同じ	於：旧関西学院講堂 開演：19時 「シンフォニーとオペラ（実演）の夕」
1932.11.17	92	ベートーヴェン：交響曲第4番 R.シュトラウス：交響詩「死と変容」op.24 ボロディン：歌劇「イーゴリ公」より序曲／行進曲／だったん人の娘の踊り／だったん人の踊り	指：ラスカ	於：大阪、朝日会館 開演：19時
1932.12.20	93	ワーグナー：序曲「ファウスト」 シューベルト：交響曲第4番「悲劇的」 マリア・バッハ：ソプラノとオーケストラのための「日本の春」 フリードリヒ・クローゼ：祭礼の行列 ビゼー：組曲「ローマ」（第3番）	指：ラスカ Sop：野崎住子	於：宝塚中劇場 開演：19時 ＊マリア・バッハとクローゼは本邦初演

年月日	回	曲目	演奏者	備考
1933.02.22	94	ワーグナー：楽劇「トリスタンとイゾルデ」より「前奏曲」と「イゾルデの愛の死」 ワーグナー：ジークフリート牧歌 ワーグナー：歌劇「ローエングリン」より「エルザの夢の歌」（Sop） ワーグナー：歌劇「タンホイザー」より「エリーザベトの広間の歌」（Sop） ワーグナー：楽劇「神々の黄昏」より「ジークフリートの葬送行進曲」 ワーグナー：歌劇「タンホイザー」序曲 ワーグナー：楽劇「ジークフリート」より「鋳鉄の歌」「鉄槌の歌」（Ten） ワーグナー：歌劇「リエンツィ」序曲	指：ラスカ Sop：エミー・トーマ Ten：ボナヴィータ	於：宝塚中劇場 開演：19時30分 「リヒャルト・ワーグナー50年記念音楽祭」 ＊「鋳鉄の歌」「鉄槌の歌」は本邦初演
1933.03.15	95	ベートーヴェン：交響曲第5番「運命」 R.シュトラウス：ピアノとオーケストラのための「ブルレスケ」 リスト：ピアノとオーケストラのための「死の舞踏」 フランツ・エステルハージ伯爵：カプリッチオ op.10 シャブリエ：狂詩曲「スペイン」	指：中川榮三（ベートーヴェンのみ） 指：ラスカ Pf：フツィエフ	於：大阪・朝日会館 開演：19時30分 ＊R.シュトラウスとエステルハージは本邦初演
1933.05.24	96	ブラームス：悲劇的序曲 ブラームス：ハンガリー舞曲第1,2,4番 ブラームス：歌曲「愛の歌」「恋人を尋ねて」「思い出」「日曜日の朝に」「憩え、愛しい恋人よ」「セレナード」「永遠の愛について」（Sop+Pf） ブラームス：交響曲第4番	指・Pf：ラスカ Sop：ネトケ・レーヴェ	於：大阪・朝日会館 開演：19時30分 「ブラームス祭」
1933.06.26	97	グリエール：交響的絵画「サポロージュのコサック」op.64 レオニード・ポロヴィンキン：テレスコープ セルゲイ・ヴァスィレンコ：支那組曲	指：山田耕筰	於：大阪・朝日会館 開演：19時30分 「山田耕筰氏帰朝歓迎」 ＊全プログラム、本邦初演

年月日	回	曲目	演奏者	備考
1933.07.14	98	ハイドン：交響曲第5番（第93番？）ニ長調 ラスカ：「奈良組曲」より「大仏」（Fl+Pf） ラスカ：アルフ・ハルファガル バラード（Ten+Pf） ラスカ：緩徐調（Vn+Pf） フェーリクス・ギュンター：組曲「ドイツ風ロココ」 ヴェルディ：歌劇「アイーダ」よりアイーダとラダメスの二重唱（第3幕）／アイーダとアムネリスとラダメスの三重唱（第1幕）	指：ラスカ Fl：川口勝治郎 Vn：メンチンスキー Ten：ボナヴィータ Sop：加藤榮 M-Sop：加藤貞	於：宝塚中劇場 開演：19時30分
1933.09.25	99	チャイコフスキー：イタリア奇想曲 op.45 ベルリオーズ：幻想交響曲 ボロディン：歌劇「イーゴリ公」より序曲、第2幕「だったん人の踊り」（バレエ付）	指：竹内平吉 バレエ振付：エレナ・オソフスカヤ 舞踊・合唱：宝塚少女歌劇雪組生徒、同ダンス専科生徒、同声楽専科生徒	於：宝塚中劇場 開演：19時 「交響曲とバレエの夕」 予告チラシに「第99回」と記載。
1933.10.24	99	メンデルスゾーン：交響曲第4番「イタリア」 ヘルマン・ツィルヒャー：喜劇組曲「じゃじゃ馬ならし」 ラスカ：独唱とピアノのための「日本俳句及短歌十首」 モーツァルト：ヴァイオリン協奏曲第4番ニ長調 ベートーヴェン：「シュテファン王」序曲	指：ラスカ Vn：コンラート・リープレヒト Sop：野崎住子	於：宝塚中劇場 開演：19時30分 プログラムに「第99回」と記載。 ＊ツィルヒャーは本邦初演
1933.11.22	100	ベートーヴェン：交響曲第5番「運命」 チャイコフスキー：ヴァイオリン協奏曲 ブルックナー：交響曲第1番ハ短調	指：ラスカ Vn：モギレフスキー	於：宝塚中劇場（当初は大劇場が予定されていた） 開演：19時30分（実際には19時55分に開始） 「第100回記念演奏会」 ＊ブルックナーは本邦初演

年月日	回	曲目	演奏者	備考
1933.12.16	101	ウェーバー：歌劇「魔弾の射手」序曲 ジークフリート・ヴァルター・ミュラー：「クリスマス音楽」op.38 グリンカ：華麗なカプリッチョ チャイコフスキー：歌劇「スペードの女王」より「リーザのアリア」(Sop+Orch) グリンカ：「ルスランとリュドミラ」より「ゴリスラヴァのアリア」(Sop+Orch) スクリャービン：交響曲第1番	指：ラスカ Sop：カラスロワ	於：宝塚中劇場 開演：19時30分
1934.04.10	102	山田耕筰：花祭の歌（児童斉唱） 山田耕筰：(合唱) 讃仏／法華教神力品／無字の経 藤井清水：(合唱) 布施 山田耕筰：(独唱) あまのはら／よしのやま／入る月を 山田耕筰：(管弦楽) 武者小路実篤作戯曲「わしも知らない」の組曲より 藤井清水：(独唱) 法華教序品／同勧発品 山田耕筰：(独唱) 精進 山田耕筰：(管弦楽・独唱) 柳原白蓮作戯曲「指鬘外送」の組曲より「夜曲」／「幽かなる歌声」／「嘆きの歌」 山田耕筰：(管弦楽・独唱・合唱)「仏国寺に捧ぐる曲」(野呂米次郎作詞)	指：山田耕筰 独唱：関種子 独唱：下八川圭祐 合唱：コーラ・ナニワ、アサヒ・コーラス	於：大阪・朝日会館 開演：19時 「釈尊に捧ぐる音楽会」
1934.05.21	103	ヘンデル：6つの合奏協奏曲より第5番ニ短調 モーツァルト：交響曲第41番「ジュピター」 アッテルベリ：組曲「バロッコ」op.23 メンデルスゾーン：ヴァイオリン協奏曲	指：ラスカ Vn：コンラート・リープレヒト	於：宝塚中劇場 開演：19時30分
1934.06.23	104	ラスカ：組曲「日本」 ブルッフ：ヴァイオリン協奏曲第1番 op.26 ドヴォルジャーク：交響曲第9番「新世界より」	指：ラスカ Vn：モギレフスキー 特別コンサートマスター：メンチンスキー	於：宝塚大劇場 開演：19時30分 「ラスカ先生謝恩演奏会」

年月日	回	曲目	演奏者	備考
1934.09.17	105-1	プッチーニ：歌劇「ラ・ボエーム」全曲	指：篠原正雄 ロドルフォ（Ten）：藤原義江、マルチェッロ（Br）：ベレッティ、ショナール（Br）：江文也、コルリーネ（Bs）：下八川圭祐、ベノア及びアルチンドロ（Bs）：澄川久、ミミ（Sop）：伊藤敦子、ムゼッタ（Sop）：佐藤美子 合唱：アサヒ・コーラス	於：大阪、朝日会館 開演：19時
1934.09.18	105-2	上に同じ	上に同じ	於：大阪、朝日会館 開演：19時 他に9月29、30日にも京都、南座で公演。
1934.10.16	106	ベートーヴェン：序曲「コリオラン」 プッチーニ：歌劇「トスカ」より「歌に生き、恋に生き」（Sop+Orch） マスカーニ：歌劇「カヴァレリア・ルスティカーナ」より「ママも知るとおり」（Sop+Orch） ヴェルディ：歌劇「アイーダ」より「ラダメス来たらん」（Sop+Orch） チャイコフスキー：歌劇「スペードの女王」より「まもなく夜となるに」（Sop+Orch） ブラームス：交響曲第1番 シューマン：ピアノ協奏曲イ短調op.54	指：ラスカ Sop：リディア・モレイ Pf：マクシム・シャピロ	於：大阪、朝日会館 開演：19時30分
1934.11.12	107	グルック：歌劇「ファウスト」序曲 フォーレ：バラード（Pf+Orch） 山田耕筰：歌曲（Sop+Orch） R.コルサコフ：交響組曲「シェラザード」op.35	指：山田耕筰 Pf：宅 孝二 Sop：関 種子	於：大阪、朝日会館 開演：19時30分
1935.01.？	108	中止（？）		1月25日の大劇場火災のため中止になったと思われる。

年月日	回	曲目	演奏者	備考
1935.02.25	109	？：テノール独唱（曲目不明） シューベルト：交響曲第7番ロ短調「未完成」 ベートーヴェン：交響曲第5番「運命」	指：山田耕筰 Ten：内本 實	於：京都、華頂会館 開演：19時
1935.03.16	110	ベートーヴェン：交響曲第3番「英雄」 ワーグナー：歌劇「ローエングリン」より「エルザの夢」（Sop） ビザー：歌劇「カルメン」より ホセの「花の歌」（Ten） スメタナ：交響詩「シャルカ」（「我が祖国」第3曲） プッチーニ：歌劇「蝶々夫人」より二重唱「うれしき夜」（Sop+Ten）	指：ラスカ Sop：北澤 榮 Ten：マリオ・ロイヨ	於：宝塚中劇場 開演：19時
1935.04.20	111	シューベルト：交響曲第7番ロ短調「未完成」 音楽映画「未完成交響楽」 番外（「シューベルトを偲びて」）に シューベルト：舞曲「ロザムンデ」「アヴェ・マリア」 シューベルト：独唱と二重唱「セレナード」 グリンカ：独唱と合唱「帝王の命」	指：竹内平吉 独唱：藤花ひさみ 独唱と二重唱：初音麗子、汐見洋子 独唱と合唱：カラスロワ、宝塚音楽学校声楽専科生	於：宝塚大劇場 開演：18時30分 「宝塚大劇場復興記念未完成交響楽の夕」 番外には他に映画「復興の宝塚」上映もあり。
1935.05.11	112	ベートーヴェン：交響曲第6番「田園」 レオンカヴァッロ：歌劇「道化師」より 道化師のアリア（ラスカによって管弦楽用に編曲） ヴェルディ：歌劇「トロヴァトーレ」より「ストレッタ」（Ten） チャイコフスキー：歌劇「魔術師」よりアリア（Sop） R.コルサコフ：歌劇「雪娘」より「レールの歌」（Sop） ヴィターリ（ラスカ編）：シャコンヌ（Vn+Pf+Str） プッチーニ：歌劇「ラ・ボエーム」より 第1幕最後の二重唱（Sop+Ten）	指・Pf：ラスカ Sop：北澤 榮 Ten：マリオ・ロイヨ Vn：野々村又三郎	於：神戸・下山手6丁目 青年会館大講堂 開演：19時30分

年月日	回	曲目	演奏者	備考
1935.06.22	112	メンデルスゾーン：序曲「美しいメルジーネの物語」 ハイドン：交響曲第13番（第88番）ト長調 ラロ：スペイン交響曲（Vn+Orch） スメタナ：交響詩「ブラニーク」（「我が祖国」第6曲）	指：ラスカ Vn：アレクサンダー・モギレフスキー	於：宝塚大劇場 開演：19時（予告では18時30分） 「ヴァイオリンコンチェルトの夕」 実際には前後関係から第113回に当たると思われる。 ラスカ最後の出演
1935.08.20	114	中止（?）	指：近衛秀磨（?）	『宝塚歌劇50年史別冊』に、この日大阪、朝日会館で開催されたとの記録があるが、実際には行われなかったと見られる。
1935.10.19	115	中止（予定曲目：チャイコフスキー：交響曲第4番へ短調、グラズノフ：「四季」より「秋」、スヴェンセン：ゾラハイダ、グリーグ：組曲「十字軍の兵士ジグール」他）	指（予定）：エマヌエル・メッテル	メッテル事件のため中止 （会場予定は、於：宝塚大劇場、開演：19時であった）
1936.02.21	116	ベートーヴェン：交響曲第7番 山田耕筰：馬売り／からたちの花／六騎（Sop+Orch） ワーグナー：ジークフリート牧歌 ワーグナー：歌劇「さまよえるオランダ人」序曲	指：山田耕筰 Sop：太田綾子	於：宝塚大劇場 開演：19時 「独唱と交響楽の夕」
1936.03.24	117	ベートーヴェン：序曲「コリオラン」 乗松昭博：別後 松山芳野里：パリの想ひ出 山田耕筰：海の向ふ／処女の夢 ロオナルド：森の奥深く サリヴァン：失はれし琴線 ベートーヴェン：交響曲第7番（ドヴォルジャーク：交響曲第9番「新世界より」が予定されていたが、「都合により」変更となった） ヘンデル：ラルゴ プッチーニ：歌劇「蝶々夫人」より「さらば愛の家よ」／歌劇「トスカ」より「妙なる調和」	指：貴志康一 Ten：藤原義江	於：大阪、朝日会館 開演：19時 藤原義江告別演奏会として、京都でも（25日）神戸でも（26日）開かれた。定期演奏会であったことを示す資料は見いだされていないが、前後関係より、その可能性が考えられる。

年月日	回	曲目	演奏者	備考
1936.05.16	118	バッハ：管弦楽組曲第３番ニ長調 ベートーヴェン：交響曲第5番「運命」 ベートーヴェン：ヴァイオリン協奏曲 ブラームス：大学祝典序曲	指：貴志康一 Vn：ロバート・ポラック	於：宝塚大劇場 開演：19時30分
1936.06.23	119	大澤壽人：小交響曲（Fl+Hr+Str） 大澤壽人：秋の歌／友／走馬燈／桜に寄す 大澤壽人：組曲「路地よりの断章」 ラヴェル：古風なメヌエット ベルリオーズ：序曲「リア王」	指：大澤壽人 Sop：長門美保子	於：大阪、朝日会館 開演：19時30分 『宝塚歌劇五十年史別冊』に「宝塚交響楽協会定期演奏会として出演」とある。
1936.11.20	120	ボロディン：交響詩「中央アジアの草原にて」 ムソルグスキー：ゴパーク／蚤の歌（Bas+Orch） ボロディン：交響曲第２番ロ短調 R.コルサコフ：ロシアの歌	指：須藤五郎 独唱：徳山 璉	於：宝塚大劇場 開演：19時 「独唱とシンフォニー」
1937.03.23	121	リスト：交響詩「前奏曲」 山本直忠：青春時代の思い出 シューマン：ピアノ協奏曲イ短調 チャイコフスキー：交響曲第6番「悲愴」	指：山本直忠 Pf：安倍和子	於：宝塚大劇場 開演：19時 「ピアノコンチェルトとシンフォニー」
1937.12.04 (当初は11月27日に予定)	122	ベートーヴェン：歌劇「フィデリオ」序曲 モーツァルト：交響曲第40番 ベートーヴェン：交響曲第８番	指：ルドルフ・フェッチ	於：宝塚大劇場 開演：19時30分
1938.05.24	123	シューベルト：「ロザムンデ」序曲 シューベルト：五重奏曲イ長調 シューベルト：交響曲第８番ハ長調「グレート」	指・Pf：フェッチ Vn：中田剣次郎 Vla：東野辰蔵 Vc：富田政雄 Cb：南村猛	於：宝塚中劇場 「シューベルトの夕」
1938.11.22	124	ワーグナー：歌劇「さまよえるオランダ人」序曲 ワーグナー：歌劇「さまよえるオランダ人」第２幕より「紡ぎ歌」とバラード チャイコフスキー：交響曲第6番「悲愴」	指：フェッチ 独唱：武岡鶴代 合唱：宝塚音楽歌劇学校生徒	於：宝塚大劇場 開演：19時30分 「独唱とシンフォニーの夕」
1939.04.28	125	フェッチ：宝塚祝典前奏曲 フンメル：七重奏曲 モーツァルト：セレナード（アイネ・クライネ・ナハトムジーク） ベートーヴェン：交響曲第5番「運命」	指・Pf：フェッチ Fl：奥村兵造 Ob：脇田 智 Hr：吉田民雄 Vla：小島 勝 Vc：富田政雄 Cb：南村 優	於：宝塚大劇場 開演：19時30分

年月日	回	曲目	演奏者	備考
1940.07.13	126	シューマン：バラの巡礼 op.112（独唱と女声合唱） ベートーヴェン：ピアノ協奏曲第3番ハ短調 ベートーヴェン：交響曲第2番 J.シュトラウス：美しき青きドナウ（バレエ付き）	指：フェッチ Sop：加藤千恵／汐見洋子 Alt：深緑夏子 合唱：宝塚少女歌劇団 Pf：井上園子 バレエ振付：楳茂都陸平 バレエ：宝塚少女歌劇団ダンス専科生	於：宝塚大劇場 開演：？
1941.05.17	127	メンデルスゾーン：交響曲第4番「イタリア」 ベートーヴェン：ヴァイオリン協奏曲 ベートーヴェン：序曲「レオノーレ」第3番	指：フェッチ Vn：辻 久子	於：宝塚大劇場 開演：19時30分 「ヴァイオリン協奏曲とシンフォニーの夕」
1941.09.06	128	ウェーバー：歌劇「魔弾の射手」序曲 プリングスハイム：古典組曲 シューベルト：女声合唱「偉大なる神」 ベートーヴェン：交響曲第6番「田園」	指：フェッチ Sop：若竹操（第1）／糸井しだれ（第2） Alt：星影美砂子（第1）／深緑夏子（第2） Cho：宝塚歌劇団月雪花組生徒300名	於：宝塚大劇場 開演：19時30分 「女声合唱とシンフォニーの夕」
1942.03.14	129	ベートーヴェン：交響曲第7番 モーツァルト：ヴァイオリン協奏曲第4番ニ長調 ワーグナー：歌劇「リエンツィ」序曲	指：フェッチ Vn：松生陽子	於：宝塚大劇場 開演：19時 「ヴァイオリン協奏曲とシンフォニーの夕」

付録CD　ヨーゼフ・ラスカの音楽

1. イタリア　Italien

(本文99頁、歌詞219頁)

[01] I. ヴェネツィア(2:11)
[02] II. ヤニクルスで(2:51)
[03] III. パラティヌスの丘で(2:24)
[04] IV. ザビニの女(1:50)
[05] V. ヴェスヴィオ山にて(1:53)
[06] VI. アンティウム(2:33)
[07] VII. ポンペイ(2:29)
[08] VIII. アッピア街道で(1:50)

東郷亜由美(Sop)　佐野真弓(Pf)

2. 日本の旋律　Japanische Melodien

(本文113頁)

第1集より
[09] サッコラサ節(1:05)
[10] 木曽節(0:50)
[11] 豊年囃子(1:40)
[12] 丹後の宮津(0:53)
[13] 僕の芸者(2:09)
第2集より
[14] 推量節(1:56)
[15] さくらさくら(1:54)
[16] 米山甚句(1:27)
[17] 磯節(2:20)
[18] 唐子踊り(2:04)

窪田恵美子(Pf)

3. 百人一首より7つの短歌
7 Tanka aus Hyakunin-isshu

(本文115頁、歌詞215頁)

[19] I. 猿丸大夫(2:16)
[20] II. 壬生忠岑(2:19)
[21] III. 紀貫之(1:45)
[22] IV. 前大僧正行尊(1:38)
[23] V. 能因法師(1:57)
[24] VI. 良暹法師(2:18)
[25] VII. 道因法師(1:40)

宍戸律子(Sop)　杉山佳代子(Fl)
真野由利子(Pf)

4. 日本の絵　Bilder aus Japan

(本文118頁)

[26] I. 追羽根(0:55)
[27] II. 虚無僧(1:41)
[28] III. 子供の踊り(1:27)
[29] IV. 海岸にて(1:34)
[30] V. お寺(2:44)
[31] VI. 猿まわし(1:19)
[32] VII. 櫻(3:10)
[33] VIII. 芸者の悲哀(3:19)
[34] IX. 神聖なる山(2:52)
[35] X. 祭り(1:56)

平田葉子(Pf)

5. 7つの俳句　7 Haiku

(曲目詳細は本文154頁)

[36] ～ [42] (計8:44)

宍戸律子(Sop)　杉山佳代子(Fl)
平田葉子(Pf)

＊このCDは、2004年11月21日、青山音楽記念館(バロックザール)(京都市)において開催された「日本の絵～ヨーゼフ・ラスカ没後40年記念演奏会」のライブ録音によるものです。

歌詞対訳

Italien (8 Gedichte)

Text: Carl Arno

I. Venetia

Zur Piazetta sollst du heute kommen,
wenn du mich liebst,
so kommst du, Marietta.
Ich warte, bis der Abendstern
verglommen,
nicht wahr, du kommst,
du kommst zur Piazetta?
Dann trägt uns
die verschwieg'ne Gondel
leise hinaus
in Nacht und holde Traumesferne,
in's Märchenland der Liebe
geht die Reise
und uns're Küsse sehen
nur die Sterne.
Derweilen am San Marco
steh'n und spähen die Neider
und sie fragen nach
uns beiden,
ob man vielleicht
beisammen uns gesehen...
Venetia schweigt
und träumt von alten Zeiten.

II. Am Janiculus

Schau, dort die ewige Stadt
zu deinen Füssen,
wo uns're Blicke durch den
Lorber dringen.
Schon wollen Nacht
und Schweigen sie umschlingen,
fern aus dem Dunkel noch die Berge

《イタリア》(8つの詩)

詞：カール・アルノ

I. ヴェネツィア

きょう、あの広場に来てほしい、
ぼくを愛しているなら、
さあ、来て、マリエッタ。
ぼくは待っている、宵の明星が消えて
しまうまで、
きっと、きみは来る、
きみは広場に来るね？
そうしたらぼくたちだけで
ゴンドラに乗って、
しずかにこぎ出てゆくんだ、
夜のなかへ、やさしい夢の遠くへと、
ぼくらの旅は愛のおとぎの国へ
向かってゆく、
そして、ぼくらのキスを見ているのは
星たちだけ。
ぼくらに焼きもちする人たちが
サン・マルコの広場に立って、
様子をうかがい
ぼくらのことを尋ねてくる、どなたか
二人が一緒にいるところを見ませんで
したかと…
ヴェネツィアは沈黙する
そして古き時代を夢見ている。

II. ヤニクルスで

見て、きみの足もとにひろがる
永遠の都を、
ぼくらの眼差しは月桂樹の向こうに
すいこまれてゆく。
夜と沈黙がこの都を
のみこもうとしている、
遠くの暗がりからは山々がなお

grüßen.
Geliebte komm,
die alte Wölfin
träumt nun bald
vom blut'gen Glanz vergangner Zeit,
vom blut'gen Glanz vergangner Zeit!
Soll ich dich heim zum kleinen Haus
geleiten an dessen Tor
der gelbe Tiber schäumt?
Dort schaut uns Luna
ins vertraute Zimmer,
belauschend seit
Aeneas fernen Tagen
dasselbe Liebesglück,
dieselben Klagen.
Alt wurde Roma,
Venus wird es nimmer!

挨拶を送っている。
愛するきみ、
もうじき年老いた雌オオカミが
夢見るころだ
過ぎ去りし時の血の輝きを、
過ぎ去りし時の血の輝きを！
ぼくはきみを家まで送っていこうか？
門のそばを黄色いティベルスの流れが
泡だっているあの所まで
そこではルナがぼくらの部屋の中まで
やさしく照らしだす、
アエネアスの遠き日々から
少しも変わらぬ
愛の喜びに、そして嘆きの声に、
聞き耳を立てつつ。
ローマは老いぬ、
されどヴェヌスはとわに老いることなし！

Ⅲ. Auf dem Palatin

Ihr dieser Erde stolzeste Ruinen
seht ihr des Nachts
durch eure Gänge schweben die
Geister der Cäsaren,
die im Leben gleich Göttern sich
und ihrer Welt erschienen?
Die ihrer Seele Flammendurst gestillt
mit jeder, jeder ird'schen Lust
in ihren Tagen.
Oh träf'ich sie... ich wollte
sie befragen, wovon Erinnerung
sie noch erfüllt,
ob Weltenherrschaft, Macht,
das Glück der Siege,
ob Ruhmeslorber,
ob die holde Liebe es sei,
was ewig unvergessen bliebe, wenn
Charons Nachen zum Orkus trüge.

Ⅲ. パラティヌスの丘で

おまえ、大地のなかで
最も誇りたかき廃墟よ、
おまえは夜ごとにカエサルたちの霊が
おまえの通りをさまようのを見るか？
生きているときは神々のごとく、
世にも自らにも思われていたあの霊たち、
みずからの炎のごとき魂の渇望を、
かの日々に地上の快楽にて宥めていた
あの霊たち。
おお、もし彼らに遭うことがあれば…
尋ねよう、いかなる記憶が
彼らを満たしているのかと、
この世の支配か、権力か、勝利の幸福か、
名声の月桂冠か、やさしき愛か、
カローンの小舟が冥府に
行き着いた時も永遠に
忘れられなかったもの、
それが何であったか、と。

Ⅳ. Die Sabinerin

Rosetta, pinienschlank braun,

Ⅳ. ザビニの女

ロゼッタ、松のように細く、褐色の、

der wilden Berge wildes Kind,
glaub' mir, vor allen andern
ist mein Herz
am treusten dir gesinnt.
Ein Himmel blickt
aus deinem Aug', dein
Lachen klingt mir wie Musik,
du gibst den frohen
Lebensmut und heitre Jugend
mir zurück, in deiner
Nähe flieht der Wahn,
daß mir das Glück verloren sei!
O dürft ich küssen deinen Mund
bis dieser Lebenstraum vorbei!

荒山の荒き娘よ、
ぼくを信じてくれ、
なによりもおまえへの思いの
誠実なることを。
おまえの目からは天空が輝き出で、
おまえの笑う声はぼくには
音楽のように響く、
おまえはぼくに生きる力と、
あの快活だった青春を取り戻してくれる、
おまえのそばにいると、
幸福が失われるのでは
という迷いも失せる。
おお、きみの唇にキスを許してほしい、
この人生の夢が過ぎ去るまで!

V. Am Vesuv

Deines Feuerberges Wein glüht in
meinen Adern,
und ich fühl' Bacchantenlust—
Mädchen, lass das Madern!
Füll den Becher, trink ihn aus, bleib
auf meinem Schosse!
nimmer blüht in diesem Tal eine
schön're Rose!
Schling um mich den braunen Arm!—
Schreckt dich gar mein Feuer?
Fürchtest du mich mehr, als dies
Bergesungeheuer?

V. ヴェスヴィオ山にて

火の山よ、おまえのもたらす
葡萄酒が私の血の管に流れると、
私はバッカスの快を覚える…
乙女よ、乙女であることを捨てよ!
杯を満たせ、飲み干せ、
私の懐に抱かれよ!
この谷に、これほど美しいバラが
咲いたことはない!
おまえの褐色の腕を私にからませよ!…
私の炎はお前を怖がらせるか?
あの荒々しき山よりも、おまえは私を
怖れるのか?

VI. Antium

Ferne, ferne blickt herüber Circes Fels
aus blauem Meer,
über Nero's Marmolvillen
ziehn Poseidons Rosse her,
wilde Wogen, schaumbekrönte
decken die vergang'ne Pracht.
Was hier lebte, was hier liebte
bannt des Orkus ew'ge Nacht.
Und ich wandle einsam träumend
manche Stund an Latiums Strand,

VI. アンティウム

紺碧の海よりはるか遠く、遠く
キルケの岩のかなたを見やれば、
ネロの水晶宮を越えて、
ポセイドンの馬たちが進みゆく、
荒々しき波、泡にまみれた波が、
過ぎ去りし栄華を覆う。
ここに住んでいた者、ここで愛した者、
それらを冥府の永遠の夜が追放する…
そしてぼくはひとり夢見つつ
ラティーウムの岸辺をさすらう、

denk der heitern, alten Götter,
deren Herrschaft längst entschwand.
Gehn und Kommen,
Gehn und Kommen,
unaufhörlich rollt die Zeit.—
Einst auch über uns're Leiden rollt das
Meer der Ewigkeit.

その支配のとうに去りゆきし
古き快活なる神々に思いを馳せる。
行きつ戻りつ、
行きつ戻りつ、
時は絶えることなく経めぐり
われらの苦しみをも永遠の海は越えて
進みゆく。

VII. Pompeji
Die Tempel leer,
Markt, Strassen ohne Leben,
so kalt und öd in bleichen
Mondesglanz.
Zuweilen nur in wildem Schattentanz
Bacchantenzüge durch die
Wolken schweben.
Ach, meinem Herzen gleichst du,
Stadt der Trauer, auch es
zerstörten des Geschicks Gewalten.
Einst reich belebt
von bunten Glücksgestalten
nur die Erinn'rung bleibt
und ihre Schauer.

VII. ポンペイ
うつろな寺院、
生命なき広場、そして通り、
青ざめた月あかりのもと、冷たく
そして荒れ果てている。
時として酔える者たちのすがたが
荒々しき影の踊りのごとく、
雲の間に浮かびあがる。
ああ、悲しみの都よ、
おまえは私の心にも似て
運命の力に壊されたのだ。
かつてさまざまな幸せな者たちに
豊かに活気づけられた町、
今はただ思い出と
その恐ろしさが残るのみ。

VIII. An der via appia
Campagnablumen, gelbe
Geißblattblüten,
pflückt' ich von manchem
alten Heldengrab,
zum bunten Strauß vereint bring ich
die Kinder des holden Lenzes
dir als Opfergab.
Aus Schutt und Moder
sind sie auferstanden,
sieh so ersteht auch ewig
neu die Liebe.
Gestorben sind die Götter—
Aphrodite allein lebt ewig
in dem Weltgetriebe!

VIII. アッピア街道で
カンパーニャの花々、
黄色のすいかずら、
英雄たちの古き墓より
私はそれらを抜き取り、
色とりどりの花束へと結び合わせ、
やさしい春の子どもたちとして
きみに貢げた。
それらは瓦礫と泥より
よみがえりしもの、
見よ、愛も永遠に
新しくよみがえる。
神々は死んだ…
ひとりアフロディーテ［ヴェヌス］のみ
この世の喧噪をとわに生き抜く！

7 Tanka aus Hyakunin-isshu《百人一首より 7 つの短歌》

Ⅰ. Sarumaru Tayu

Wenn man die Stimme des Hirsches hört,
der rufend das farb'ge Laub
am einsamen Berg durchschreitet —
wie traurig dann der Herbst ist!

猿丸太夫：奥山に　紅葉踏みわけ　鳴く鹿の　声きく時ぞ　秋は悲しき

Ⅱ. Mibuno Tadamine

Seit ich beim kalten
Lichte des Morgenmondes
von ihr geschieden —
gleicht nichts an tiefer Trauer
der Zeit der Morgendämmerung!

壬生忠岑：有明の　つれなく見えし　別れより　あかつきばかり　憂きものはなし

Ⅲ. Kino Tsurayuki

Wie's mag bestellt sein um's Herz
des Menschen, weiß ich zwar nicht,
doch duften noch wie in alten Zeiten
im alten Dorf die Blumen.

紀貫之：人はいさ　心も知らず　ふるさとは　花ぞ昔の　香ににほひける

Ⅳ. Saki no Daisojo Gyoson

Lass miteinander
uns Mitgefühl empfinden
o Bergeskirschbaum!
Auch ich hab keine Freunde
als einzig deine Blüten.

前大僧正行尊：もろともに　あはれと思へ　山桜　花よりほかに　知る人もなし

V. Noin hoshi

Die bunten Blätter
von Mimurono yama,
dem sturmumwehten —
nun sind sie rote Seide
des Flusses Tatsutagawa.

能因法師：嵐吹く　三室の山の　もみぢ葉は　竜田の川の　錦なりけり

VI. Ryozen hoshi

Mich einsam fühlend
geh ich vor's Haus u. schau umher —
da finde ich überall
dieselbe herbstliche Abenddämmerung

良暹法師：さびしさに　宿を立ち出でて　ながむれば　いづこも同じ　秋の夕暮れ

VII. Doin hoshi

Wie sehr durch Lieb ich auch leide,
bleibt mir leider doch noch das Leben.
Nur meine Tränen können den Schmerz
nicht länger tragen —

道因法師：思ひわび　さても命は　あるものを　憂きにたへぬは　涙なりけり

ラスカ略年譜 (関連事項を含む)

1886.2.13	オーストリアのリンツに生まれる。
1894	リンツ大聖堂聖歌隊の合唱児童となる。
1898-1906	リンツのプレティーヌム、続いてクレムスミュンスターの上級ギムナジウムに学ぶ。
1906-1907	第59歩兵連隊（リンツ）において1年間の修練を受ける。
1907-1909	王立ミュンヘン音楽院に学ぶ。
1909-1910	ボヘミアのテプリッツ・シェーナウ市立劇場における練習用ピアニスト
1910-1911	リンツ州立劇場の指揮者
1911-1912	モラヴィアのオストラウの市立劇場における指揮者
1912-1913	ヘルマンシュタット（現：シビウ［ルーマニア］）の市立劇場の指揮者
1913-1914	プラハの新ドイツ劇場の副指揮者
(1914.4.1	宝塚少女歌劇第1回公演)
(1914.7.28	第一次世界大戦勃発)
1914（詳細不明）	オーストリア軍の陸軍予備少尉としてロシアの前線に送られる。
1916.8.10	ロシア軍の捕虜となる（収容所：イヴァノヴォ・ヴォズネセンスク→ブラゴヴェシチェンスク→ハバロフスク→イルクーツク→ウラジオストク）
(1923.8.19	宝塚音楽研究会第1回演奏会)
(1923.9.1	関東大震災)
1923.9.3	敦賀港に到着
1923.9.16	宝塚音楽歌劇学校教授に着任する。この日、宝塚

	音楽研究会の演奏会に「番外」として出演。
1923.10.21	同研究会の演奏会に正式に出演する（以後定期的に出演）。
1924.2.8	第1回宝塚シンフォニー・コンサート
1925.10.22	1919年にイルクーツクで作曲した《3つの歌曲》のうち第1曲と第2曲がウィーンで開かれた世界音楽歌唱連盟歌曲作曲コンクールで入選作となる。
1926.9.18	宝塚交響楽団第1回定期演奏会
(1927.2.20	新交響楽団第1回定期演奏会)
1927.12	論考 'DIE MUSIK JAPANS'（日本の音楽）がドイツの雑誌 „*DIE MUSIK*" に掲載される。
1928.4	神戸女学院音楽部の教員となる。
1930.6	ウィーンで開催された世界音楽歌唱連盟の会議で講演を行う（「日本におけるヨーロッパ音楽と、日本音楽に対するその関係」）。
1931.4.24	宝塚交響楽団第75回定期演奏会においてアントン・ブルックナーの交響曲第4番「ロマンティック」の日本初演を指揮する。
1933.4	論考 'European Music in the Land of the Rising Sun-A Study of Musical Conditions in Japan'（Translated by Florence Leonard）がアメリカの雑誌 "*THE ETUDE*" に掲載される。
1933.8.24	父ユーリウス・ラスカ死去。
1933.11.22	宝塚交響楽団第100回定期演奏会においてブルックナーの交響曲第1番の日本初演を指揮する。
1933.12	宝塚音楽歌劇学校および宝塚交響楽団の専任を解かれる。
1935.1.26	アサヒ・コーラス第2回演奏会（朝日会館）においてブルックナーの《テ・デウム》の日本初演

	を指揮する。
1935.9.1-10	モスクワで開かれた「万国音楽大会」に出席する。
1935.10.3	敦賀港で日本への入国を拒絶され、オーストリアへの帰途につく。
1936.12.26	文部大臣ペルンターより、教授の称号を与えられる。
1941	KDF（Kraft durch Freude）の演奏旅行に参加。エレンとの出会い。
1942.2月	エレンと結婚。
1942.9.29	ウィーンのハディクガッセ136番の住居から連行される。
1942.12.15	バイエルンのシュトラウビングの収容所に入れられる。
1945.4.25	ダッハウに向けての行進が始まる（しかし、4月28日にフライジングまで進んだ後、4月30日、ランツフートまで戻る）。
1945.5.1	アメリカ軍に身柄を保護される。
(1945.5.7	ドイツ軍、連合国に無条件降伏。)
1945.5月	ザルツブルクを経てウィーンに帰還。
1964.11.14	ウィーンで死去（78歳）

ラスカ作品表 (成立順)

- 本表はオーストリア国立図書館音楽部門、ウィーン図書館音楽部門、リンツのアントン・ブルックナー私立大学図書館、ならびに神戸女学院大学図書館所蔵の資料をもとに、ラスカの音楽作品を成立順に掲げたものである。ただし、同一作品の資料が複数の図書館に所蔵されている例も多く、複雑化を避けるため、個々の作品の資料の所在については掲載を省略した。
- ラスカは彼の大部分の自筆楽譜中に作曲地および作曲の年月日を記入しているが、本表では年単位での配列とし、月日の表示は、例えば２月５日の場合、末尾に［2.5］のように記すこととした。年のみ記載の曲の場合は、各年の終わりに適宜まとめた。
- 複数の小曲や楽章からなる作品で、成立が複数年にまたがっているものについては、全体が完成した年を基準に位置づけた。
- 作曲地については、来日前のシベリア捕虜時代の作品についてのみ、各曲末尾に示した。
- １つの作品を構成する複数の小曲等の題名は、本文との関係で必要と思われるものについてのみ、原題および訳題を適宜掲げた。
- 声楽曲（もしくはピアノと語りの曲）の作詞者名は原語のみを示した。ただし、複数の作詞者による連作の場合は原則として省略した。
- 楽器や声部の数は漢数字で、曲の数は算用数字で示した。
- 調名は、題名の表記に含まれている場合を除き、記載を省いた。
- 成立時期が不明の作品については、最後に、題名のアルファベット順にまとめた。
- 稿態が不完全ないし未完と思われる作品は除外した。

A：来日以前の作品

1908　•《弦楽四重奏のための二重フーガ　Doppel-Fuge für Streichquartett》［月日不明］

1909　•《混声八部合唱（無伴奏）のための〈最後に来るのは死〉　Am Ende kommt der Tod für 8stimmigen, gemischten Chor（a capella）》（詞：Carl Arno）［月日不明　改訂：1957年］

- 《ヴァイオリンとヴィオラのための二声のフーガ　ロ短調　2stimmige Fuge h für Violine und Bratsche》[月日不明]
- 《弦楽三重奏（ヴァイオリン、ヴィオラ、チェロ）のためのプレリュードとフーガ　ニ短調　Praeludium und Fuge d für Streichtrio (Violine, Bratsche, Cello)》[月日不明]
- 《弦楽三重奏のためのフーガ　ヘ短調　Fuge f für Streichtrio（Violine, Bratsche, Cello)》[月日不明]

1910
- 《青年時代の歌曲　第1集　Lieder aus der Jugendzeit　Heft I》
  注　1907年から10年までに書かれた10曲からなる。
- ピアノ曲《主題と変奏　Thema mit Variationen》 注　自筆譜末尾に「1927年10月29日完成（草稿は1910年)」との表記が見られる。

1911
- 《イタリア（8つの歌曲）　Italien（8 Lieder)》(詞：Carl Arno）[5月]
- 《青年時代の歌曲　第2集　Lieder aus der Jugendzeit Heft II》
  注　1907年から11年までに書かれた6曲からなる。

1914
- 《青年時代の歌曲　第3集　Lieder aus der Jugendzeit　Heft III》
  注　1910年と14年に書かれた2曲からなる。
- 《父の愛（バレエ・パントマイム）　Vaterliebe（Ballet-Pantomime)》ピアノ・ヴァージョン［月日不明］

1916
- 男声合唱曲《野ばら　Heidenröslein》(詞：Goethe）
  注　シューベルトの歌曲の編曲［11.21］
- 男声合唱曲《騎士の歌　Reiterlied》(詞：Schiller)（編曲？）[11.22]
- 《3つのヴァイオリンのための〈郷愁〉　Heimweh für 3 Violinen》[11.23]
- 《3つのヴァイオリンのための〈スケルツェット〉　Scherzetto für 3 Violinen》[11.25]
- 《4つのヴァイオリンのための〈悲嘆〉　Weh für 4 Violinen》[12.1]
- 《ピアノのための6つの二声インヴェンション　6 Inventionen 2 stimmig für Klavier》[12.19]
- 《3つのシャンソン　3 Chansons》(詞：Saxl）[12.23]
  以上7曲、イヴァノヴォ・ヴォズネセンスクにて作曲。

1917
- 《3つのヴァイオリンのための〈3つのカノン〉　3 Kanons für 3 Violinen》[1.1]
- 《ピアノ小品　Klavierstück》ト長調［1.6］
- 歌曲《とても静かになって…　Es ist so still geworden …》(詞：Saxl)

[1.10]
- ピアノ曲《ガヴォット　Gavotte》[1.12]
以上4曲、イヴァノヴォ・ヴォズネセンスクにて作曲。
- 男声合唱曲《世のなりゆき　Weltlauf》(詞：Hieronymus Lorm)(編曲?)[3.10]
- 男声合唱曲《落葉　Blätterfall》(詞：Heinrich Leuthold)(編曲?)[3.10]　注　以上2曲は、前年の《野ばら　Heidenröslein》とともに、1958年1月、ウィーンで混声四部合唱曲に書き改められた。
- 《2つのヴァイオリンとヴィオラのための[題名無し][ohne Titel] für 2 Violinen und Viola》[3.11]
- 《2つのヴァイオリンとヴィオラのための組曲　Suite für 2 Violinen und Viola》[4.12]
- 弦楽四重奏曲 Streichquartett [題名無し　ohne Titel]　ホ長調 [5.9]
- 弦楽四重奏曲 Streichquartett [題名無し　ohne Titel]　ヘ長調 [5.9]
以上6曲、ブラゴヴェシチェンスクにて作曲。

1918
- 《4つのクプレ　Vier Couplets》[1.6] ハバロフスクにて作曲。
注　曲名はもう少し詳しい表記であるが、解読困難のため簡易化した。
- 《弦楽四重奏のための「沈める鐘」への妖精の場面　Elfenszene zur versunkenen Glocke für Streichquartett》[3.3][作曲場所不明]
注　ラスカはすでに1909年11月、ボヘミアのテプリッツの劇場に勤め始めた頃にGerhart Hauptmann (1862-1946) の戯曲『沈める鐘　Die versunkene Glocke』への付随音楽をいくつか書いていたことが、ウィーン図書館所蔵の資料からうかがえる。この「妖精の場面」はその延長線上にあると考えられるが、具体的な事情については不明である。
- 《弦楽四重奏とピアノのための〈舞踏の情景〉(メヌエット)　Tanz-Szene (Menuett) für Streichquartett und Klavier》[10.20] イルクーツクにて作曲。
- 《熱帯精神病　1幕のスケッチ　Tropenkoller　Sketsch in einem Akt》(詞：A. Winzer) [11.22]、イルクーツクにて作曲。

1919
- 《3つの歌曲 Drei Lieder》 1) Traumwald (夢の森) (詞：Morgenstern) [3.19]、2) Schlummerlied (まどろみの歌) (詞：Mombert) [1月]、3) Schauder (戦慄) (詞：Morgenstern) [7月]
- 《ピアノのための3つのインヴェンション　3 Inventionen für Klavier》[4.1]

• 《ピアノのための2つの二声カノン　2 2stimmige Kanons für Klavier》[4.16]
• 《ピアノ曲 ニ短調　第1番［第1楽章］　Klavierstück d Moll I》[8.20]
以上4曲、イルクーツクにて作曲。
• 《ブスラーによる対位法の習作　Kontrapunktische Studien nach Bussler》
ウラジオストクにて作曲。注　成立の月は不明であるが、これによってこの年のうちにウラジオストクに移されていたことがわかる。ブスラーはベルリンの音楽理論家、指揮者（Ludwig Bussler, 1838-1900）。

1920 • 《ピアノのためのインヴェンション　イ長調　Invention A für Klavier》[3.12]
• 《3つのピアノ小品　3 Kleine Klavierstücke》第1曲　ハ短調［6月］
注　1929年に改訂され、1932年に出版された。
• 《ピアノ小品 ニ短調　第2番［第2楽章］　Klavierstück d Moll II》[7月]
• 《ピアノのための三声のフーガ　ニ長調　3stimmige Fuge D für Klavier》[8.31]
• 《独立カノンの主要形式（ヴァイオリンとピアノのためのカノン　変ホ長調）　Hauptform des selbständigen Kanons（Kanon Es für Violine und Klavier》[10.30]
以上5曲、ウラジオストクにて作曲。

1921 • 《ヴァイオリン、チェロ、ピアノのためのカノン　Kanon für Violine, Cello und Klavier》[5月]
• 《弦楽四重奏のための主題と変奏曲　Thema mit Variationen für Streichquartett》[6.12]
• 《ピアノのための3つのインヴェンション　3 Inventionen für Klavier》[6.13][6.18][6.20]
• 《ピアノのためのカノン　Kanon für Klavier》[6.24]
以上4曲、ウラジオストクにて作曲。

1922 • 《ピアノ小品　Klavierstück》変ホ短調［5.30］　注　成立地の記載はないが、日付より、ウラジオストクにて作曲されたものと思われる。

B：日本時代の作品

1924 • 《弦楽オーケストラのための2つの歌　2 Gesänge für Streichorchester》

［第1曲：1.5、第2曲：日付不明］ 注 1917年にブラゴヴェシチェンスクで作曲した2つの弦楽四重奏曲を弦楽五部合奏に書き改めたもの。

- 《父の愛（バレエ・パントマイム） Vaterliebe（Ballet-Pantomime）》管弦楽ヴァージョン［8.21］

1926 • 《小さな練習曲 シューマンの作品68/14より Kleine Studie aus Schumann's op 68/14》 注 ローベルト・シューマンのピアノ曲集《こどものためのアルバム》op.68の第14曲にフルートの旋律を付けたもの。

1927 • 《万葉集歌曲 Manyoshu-Lieder》 1）Mondnacht（月夜）［9.5］、2）Sehnsucht（あこがれ）［8.31］、3）Regenlied（Endlose Liebe）（雨の歌（果てしなき愛））［9.29］、4）Der Berg Mimoro（三室の山）［9.29］、5）Frühlingsankunft（春の訪れ）［10.3］（歌詞ドイツ語訳：C. Florenz）

出版譜：イグナーツ・ヘルプスト編『ドイツ・オーストリア著作者協会第70回祝典記念音楽アンソロジー第3巻』（MUSIKANTHOLOGIE DES DEUTSCHÖSTERREICHISCHEN AUTORENVERBANDES ZUSAMMENGESTELLT VON IGNAZ HERBST ANLÄSSLICH DER 70. JUBILÄUMSFESTVERANSTALTUNG III. BAND（o.J.））11-13頁＝第1、2曲のみ（出版年記載なし）

- 《ピアノ小品 Klavierstück》変イ長調［10.28］
- ピアノ曲《神戸ヤポニカの帝国行進曲 Reychs-Marsch der Kobea Japonica》［12.19］ 注 Kobea Japonicaは、当時世界各地にあったドイツとの友好団体の一支部で、日本には他に、東京にEdo Japonicaがあった。ラスカがこの団体とどのような関わりをもっていたかについては、不明である。

1928 • 歌曲《パウラ・モーダゾーン＝ベッカーの「手紙と日記帳」より Aus "Briefe und Tagebuchblätter" von Paula Modersohn-Becker》 1) Gebet［3.24］ 2) Schatten meiner Seele［4.7］ 3) Der Abend［6.2］

- ピアノ曲《3つのフモレスケ 3 Humoresken》［10.16、11.6、11.14］
- 《組曲 奈良 フルートとピアノのための3つの小品 Nara-Suite 3 Stücke für Flöte und Klavier》 1）Tempelfriede（寺の静寂） 2）Die heiligen Rehe（聖なる鹿たち） 3）Daibutsu（大仏）［月日不明］

1929 • 《神戸ヤポニカのための2つのピアノ小品 2 Klavierstücke für Kobea Japonica》［5.21、8.15］

- 《3つのピアノ小品 3 Kleine Klavierstücke》第2曲［8.8］、第3曲［8.28］［第1曲ハ短調は1920年にウラジオストクで作曲してい

たものを改訂]

出版譜：イグナーツ・ヘルプスト編『ドイツ・オーストリア著作者協会第80回祝典記念音楽アンソロジー第4巻』(MUSIKANTHOLOGIE DES DEUTSCHÖSTERREICHISCHEN AUTORENVERBANDES ZUSAMMENGESTELLT VON IGNAZ HERBST ANLÄSSLICH DER 80. JUBILÄUMS-FESTVERANSTALTUNG AM 25. FEBRUAR 1932 IV. BAND) 1-3頁 (1932年)

- 《バリトン独唱、弦楽オーケストラ、ハープのための〈敬虔なる夕べ〉Frommer Abend für Bariton, Streichorchester und Harfe》(詞：Otto Doderer) [9.15]
- 《日本の旋律　第1集　Japanische Melodien　Heft I》 1) Sakkorasabushi 2) Oisha 3) Kisobushi 4) Kitasassa 5) Pompombushi 6) Honenbayashi 7) Tangono-Miyazu 8) Suika Busuika 9) Kamakurabushi 10) Ryuseibushi 11) Bokuno Geisha 12) Ukiyobushi [10月]　注　日本の民謡やお座敷歌をピアノ用に編曲したもの。ただし第11曲はラスカ自身の作曲によると思われる。出版譜があるが (Ries & Erler G. M. B. H./Berlin)、出版年は不明。

1930
- ピアノ曲《トリル練習曲　Triller Etude》[3.1]
- 独唱と管弦楽のための《深夜の歌 (中国の詩による)　Lieder der Mitternacht (aus dem Chinesischen)》(詞：原詩＝漢詩、ドイツ語訳＝Richard Wilhelm) ピアノ抜粋譜 [9月／10月]、総譜 [11.2]
- 歌曲《東方の歌　Lieder des Ostens》 1) Buddistische Glocke (梵鐘) (詞：日本語原文不詳、ドイツ語訳：Dr. H. Bohner) [1929.3.4] 2) Der Regen von Jogashima (城ヶ島の雨) (詞：北原白秋、ドイツ語訳：ヤマモト・シゲル& Dr. H. Bohner) [1928.2.12] 3) Vergänglichkeit (無常) (詞：Li-Hung-Tschi [漢字名不詳]、ドイツ語訳：Th. Schlothauer) [1930.12.24] 4) Abschied (別離) (詞：Tu Moh [杜牧]、ドイツ語訳：Dr. H. Bohner) [1928.1.13] 5) Jugendzeit (青春) (詞：Tu Tsiu Niang [杜秋娘]、ドイツ語訳：Dr. H. Bohner) [1928.1.13]
- ピアノ曲《日本より　前奏曲、練習曲、フーガ　Aus Japan　Präludium, Etude und Fuge》[月日不明]

1931
- 《日本の旋律　第2集　Japanische Melodien Heft II》 1) Shin Urashima 2) Taisho-odori 3) Suiryo-Bushi 4) Yamashiro Bon-odori 5) Sakura・Sakura (Kirschblüte) 6) Yoneyama Jinku 7) Isobushi (Strandlied) 8) Karako Odori 9) Inshu-inaba 10) Miyajima-

Bushi（Strandlied） 11）Tamausagi 12）Sedoga Hatakeka［3月〜5月］ 注 第1集の続編。これも Ries & Erler G. M. B. H./Berlin より出版された（時期は不明）が、そこには上記のうち3）、5）、6）、11）、7）、8）、12）の計7曲のみが13〜19番として取り上げられている。

- 《ピアノ、フルート、独唱（アルト）のための〈百人一首より7つの短歌〉 7 Tanka aus Hyakunin-isshu für Klavier, Flöte und Altstimme》 1）Sarumaru Tayu（猿丸大夫） 2）Mibuno Tadamine（壬生忠岑） 3）Kino Tsurayuki（紀貫之） 4）Saki no Daisojo Gyoson（前大僧正行尊） 5）Noin hoshi（能因法師） 6）Ryozen hoshi（良暹法師） 7）Doin hoshi（道因法師）［6月〜7月］

1932
- ピアノ曲《ワルツ・カプリッチョ Valse Capriccio》［2.29］
- ピアノ曲《行進曲第3番 神戸女学院卒業式のために March No. 3 for the Graduations Ceremony of the Kobe College》［3.6］
- 《天の笛 マリー・ピーパーの戯曲「天の笛」への付随音楽 Die Himmelsflöte Musik zu dem Drama "Die Himmelsflöte" von Marie Piper》ピアノ抜粋譜［4.22］、管弦楽総譜［6.24］

1933
- 歌曲《日本俳句及短歌十首 10 Japanische Kurzgedichte in Musik gesetzt》 1）Haiku von Bassho［1928.2.17］ 2）Japanischer Gewittergruss［1928.1.25］ 3）Haiku von Senda［1933.7.25］ 4）Haiku von Bassho［1933.7.28］ 5）Haiku von Bassho［1933.7.30］ 6）Kurzgedicht aus dem Kokinshu［1933.8.14］ 7）Kurzgedicht aus dem Kokinshu［1933.8.14］ 8）Kurzgedicht von Shigeyuki［1933.8.14］ 9）Kurzgedicht aus dem Ise Monogatari［1933.8.15］ 10）Kurzgedicht von Ransetsu［1933.8.15］
  出版譜：The Kobe & Osaka Press LTD 神戸：1934年
- 《管弦楽のための〈日本組曲〉 Japanische Suite für Orchester》［夏］
- 《2台のピアノのための〈悲しいプレリュード〉Prelude lugubre für 2 Klaviere》［11.8］ 注 「1933年8月24日に亡くなった父親への記念に」作曲された。

1934
- ソプラノ独唱、女声3部合唱、ピアノ、ヴァイオリンのための《詩編第13篇 Psalm 13》［8月］
- 《ピアノのためのソナチネ（4度-7度）Sonatine（Quarta-Septima）für Klavier》［12月］
- 《日本の四季 管弦楽と語りの声部のための4つの短歌 Die Jahreszeiten

von Japan　4 Tanka für Orchester und Sprechstimme》[8月／9月]
注　総譜末尾に「1948年11月完成」と記されている。

- 《ギョーム・デュファイ（1400-1474）女声2、ヴァイオリン、オーボエ、ホルン（F）のための〈麗しき乙女に（ペトラルカ)〉Guillaume Dufay（1400-1474） Vergine bella（Petrarca）für 2 Frauenstimmen, Violine, Oboe und Horn (in F)》［月日不明］ 注　ギョーム・デュファイのモテットの編曲
- 《日本の絵　10のピアノ小品　Bilder aus Japan　10 Klavierstücke》 1）Federballspiel（追羽子） 2）Bettelmoench（虚無僧） 3）Kindertanz（子供の踊り） 4）Am Strande（海岸にて） 5）Im Tempel（お寺） 6）Der Mann mit dem Aeffchen（猿まわし） 7）Kirschbluete（櫻） 8）Geishaleid（芸者の悲哀） 9）Heiliger Berg（神聖なる山） 10）Volksfest（祭）［月日不明］ 注　同年のうちにラスカの自筆譜を版下として神戸で自費出版された。

1935
- 《7つの民謡　Sieben Volkslieder》[3.19] 注〈赤いサラファン〉をはじめとするロシアとフランスの民謡を小編成のオーケストラ用に編曲したもの。
- 《3つの日本行進曲　Drei Japanische Märsche》
  第1番　青山学院のため　Marsch Nr. 1 für Aoyamagakuin [4.1]
  第2番　青山学院のため　Marsch Nr. 2 für Aoyamagakuin [5.25]
  第3番　神戸女学院のため［タイトル文字なし］＝1932年の項参照。
- 《小さな形式　8つのピアノ小品　Kleine Formen　8 kleine Klavierstücke》[9.28]　注　モスクワからウラジオストクを経て日本に戻る、9月18日から28日までの間に作曲された。

C：離日～第二次世界大戦中の作品

1936
- 《6つのコラール　Sechs Choräle》[2月]　注　楽譜中に「モスクワ、病院、1936年2月」との記載があり、前年10月に日本からの退去を命じられた後、オーストリアへの帰国の途次に書かれたものと思われる。
- 《独唱、弦楽四重奏、ピアノのための〈マリアについての昔の詩による3つの歌曲〉 3 Lieder auf alte Mariengedichte für Singstimme, Streichquartett und Klavier》(歌詞：Roswitha Bitterlich) [3月、4月]
- 《10×16　10のピアノ小品　10×16　10 Klavierstücke》[5月]
  注　16小節の曲を10曲並べたもの。

1937 • ピアノ曲《3つのエチュード　3 Etuden》[3月]

• 《ゲオルク・ビュヒナーの「レオンスとレーナ」への付随音楽　Musik zu Georg Büchner "Leonce und Lena"》[5月]　注　この劇の5月31日の上演にむけて作曲された。

• シャンソン《シガレットをくゆらせながら　Gedanken bei einer Zigarette》[5月]

• 《ロスヴィータ・ビッターリヒをめぐって　12のピアノ曲　Um Roswitha Bitterlich　12 Klavierstücke》[10.20]　注　女性作家ロスヴィータ・ビッターリヒによる挿絵と文の入った子供向けの1937年のカレンダーにピアノ音楽を添えたもの。

1938 • 歌曲《私は男たちにとって…　Ich hab für Männer …》(詞：Wilhelm Donnhofer) [10.15]

• シャンソン《ナンノ　Nanno》(詞：Hanus Heinz) [12.18]

• 《ロスヴィータ・カレンダー1938年　12の歌曲　Roswitha Kalender 1938　12 Lieder》[1.30]

1939 • 歌曲《娼婦の歌　Dirnenlied》(詞：Adele Schreiber) [1.15]

• 《2つのシャンソン　2 Chansons》 a) Zu spät [1939.1.7]、b) Schade, daß wir uns nicht mehr lieben … [1938.12.6]
(詞：a) Felia R. Hubalek、b) 不明)

• シャンソン風歌曲《きっとまた会えると思っています Ich weiß, dass wir uns wiedersehen …》(詞：Kurt Feltz) [11.12]

1940 • 《ロスヴィータ・カレンダー1939年　12の歌曲　Roswitha Kalender 1939　12 Lieder》[最初の頁に「ウィーン、1940年」とあるが、最後の頁には「1941年2月13日」と記されている。]

• 語りとピアノのための《「A. ロルツィングの魔法の庭における音楽的散歩」への祝祭的プロローグ　Festlicher Prolog zu "Musikalischer Spaziergang in A. Lortzings Zaubergarten"》(詞：Hermann Dyck) [7月]　注　Albert Lortzing (1801-51) の7つの戯曲作品を音楽を通じて辿ってゆくという一連の上演にむけてのプロローグとして書かれたようであるが、詳細は不明である。

• 《ウィーン　3つのピアノ小品　Wien　3 Klavierstücke》 1) Die Stadt [1939。月日は不明]、2) Das Lied [成立時期不明]、3) Der Tanz [1940.12.22]　注　第3曲のタイトルは、当初は "Die Frau" であった。

- ピアノ曲《一連のドイツ舞曲　Eine Reihe Deutscher》[11.20]
- 《ピアノのための〈3つの舞曲〉 3 Tänze für Klavier》[月日不明]

1941
- 《パンジェ・リングァ　Pange Lingua》[2月]　注　以下の3種類の楽譜が残されている。a) ソプラノ独唱とオルガンのため　b) バリトンとヴァイオリンとオルガンのため　c) 女声三部合唱のため
- ピアノ曲《序奏と6つのワルツ　Einleitung und Sechs Walzer》[3月]
- 《カッサンドラ 舞踊詩　Cassandra Tanzpoèm》[4.18]
- 歌曲《古いオルゴール時計　Alte Spieluhr》(詞：Heinrich Anacker) [6月]
- 歌曲《すべては恋のせい　An allem ist die Liebe schuld》(作詞者不明) [7.3]

1942
- ピアノ曲《授業が終わって　小さなパントマイム　Nach der Schule Kleine Pantomime》[4月]
- ピアノ曲《セレナード　Serenade》[4.12]
- 歌曲《風景（9つの詩）　Die Landschaft（9 Gedichte）》（詞：Josef Weinheber）[6月]　注　第1曲は〈春への歩み　Gang in den Frühling〉と題されており、前年の8月19日、ギリシャのテッサロニーキで作曲された（本文第7章参照）。
- 《管弦楽のための〈ライムント序曲〉 Raimund-Ouvertüre für Orchester》[9月]

D：戦後の作品

1945
- 《めでたしマリア　オルガン伴奏付き歌曲　Gegrüßt seist Du, Maria! Lied mit Orgelbegleitung》[5.20]　注　ラスカはこの曲の楽譜の末尾に「私はこの歌曲を1945年5月20日、ガイゼンハウゼンで母なるルーイトガルドさんのために作曲した。これはほとんど3年間となった私の拘留生活（1942-45）の後の初めての曲となった」と記している。
- 《青年三部合唱のための〈民謡〉 Volkslied für dreistimmigen Jugendchor》（詞：Fritz Mastny）[月日不明]　注　この年内にUniversal-Editionより出版された。楽譜中に示されたパート名は「第1ソプラノ、第2ソプラノ、アルト」で、この他にアドリブのピアノ伴奏パートも記されている。
- 《語りとピアノのための〈ダッハウ・リート〉 Dachau Lied für Sprecher und Klavier》（詞：Jura Soyfer）[11.8]　注　ウィーン図書館所蔵の自筆譜の最初の頁に「ダッハウ強制収容所の入り口の扉には〈労働は自

由にする Arbeit macht frei〉という言葉が掲げられている」と記されている。次いで、この曲の詞について「ユーラ・ゾイファー、ダッハウ、1938年8月」と記されている。ゾイファーは収容されていた一人として、自らの置かれた状況を書き留めたのであろう。なお、本自筆譜末尾には「1950年4月改訂」との表記が見られる。

- バスとピアノのための《オーストリアに寄せる歌 Lied an Osterreich》（詞：Mahrer）［11.10］
- ピアノ曲《シュテルンターラー（ダンスおとぎ話） Sterntaler（Ein Tanz-Märchen）》［月日不明］
- 《労働の歌 Lied der Arbeit》［月日不明］

1946
- 歌曲《再生 Wiedergeburt》（詞：Hugo Huppert）［4月］ 注 楽譜冒頭に「赤軍によるウィーン解放の記念日に（1946年4月13日）」と記されている。
- 《オーストリア讃歌 Hymne an Österreich!》（詞：Franz Theodor Csokor）［4.17］ 注 歌曲、無伴奏四部合唱、伴奏付き混声四部合唱。
- 《「愛する隣人たち」への音楽 Musik zu "Die lieben Nachbarn"》［5.10］ 注 劇への付随音楽と思われるが、詳細は不明。
- 語りとピアノのための《少女たちの合唱 Chor der Fräuleins》（詞：Erich Kästner）［5.15］
- 《オーストリアに寄せる歌 Lied an Österreich》（独唱（低声）とピアノのため、男声四部合唱とピアノのため）（詞：Mahrer）［月日不明］

1947
- 語りとピアノのための《死の舞踏（1945） Totentanz（1945）》（詞：Udo Walter）［1月］ 注 作詞者名に続いて、括弧内に「ある強制収容所にて消息を絶った、J. Liedike のために」との記載が見られる。
- 歌曲《夜になると時々ある夢が訪れてくる Manchesmal in Nächten kommt ein Traum mir》（作詞者不明）［3.3］
- 歌曲《5つの小ロシア民謡 5 Kleinrussische Volkslieder》［11月］

1948
- ピアノ曲《ハンガリー舞曲（第2番） Ungarischer Tanz（No 2)）》［2月］ 注 （第2番）とあるが、（第1番）については不明。
- 二人の独唱、ピアノ、ギターのための《A. ノヴィコフの2つの歌 2 Lieder von A. Novikoff》［2月］
- 語りとピアノのための《革命家イエスの誕生日に Dem Revolutionär Jesus Zum Geburtstag》（詞：Erich Kästner）［4.29］
- 歌曲《前線に立て、労働者たちよ 闘いの歌 Eine Front, Arbeiter!

Kampflied》(作詞者不明)[5.13]

- ピアノ曲《私の休暇　Mein Urlaub》[7月、8月]　注　シュタイアのアッシャッハで休暇を過ごしていたときに書かれた、さまざまなフーガ習作。
- 《二部合唱(男声と女声)、ソプラノならびにバリトン独唱、オルガンのための〈ミサ曲〉ニ短調　Messe in d moll für 2stimmigen Chor (Frauen- und Männerstimmen), Sopran-und Bariton-Solo und Orgel》[秋。〈クレド〉の終わりに「1948年9月30日」、〈サンクトゥス〉の終わりに「1948年10月2日」、〈ベネディクトゥス〉の終わりに「1948年10月6日」、〈アニュス・デイ〉の終わりに「1948年10月10日」と記されている。]

1949
- 混声四部合唱曲《解放　Befreiung》(詞:Peter Georg Krafft)[12.26]　注　ピアノ伴奏付きのヴァージョンもある。

1950
- 《コントラバスと大管弦楽のための協奏小品　Konzertstück für Contrabass und großes Orchester》[ピアノ伴奏ヴァージョン:1.29、管弦楽総譜:成立時期不明]
- 《語り/独唱、混声合唱、ピアノのための〈お母さん、それはあなたの子供に関わること!〉 Mutter, es geht um dein Kind! für Sprecher-Gesangstimme und gemischten Chor》(詞:Franz Reiter)〔9月〕
- 《汝が身を護れ、労働者たちよ　混声合唱付き歌曲　Wehrt euch, Proleten! Lied mit gemischtem Chor》(詞:Helmut Mauthner)[9月]
- 《語り手と大オーケストラのための〈革命(1848年)〉 Revolution (1848) für Sprecher und großes Orchester》(詞:Carlheinz Baum-Eckert)[秋]
- 独唱と混声合唱のための《若者たちの歌　Lied der Jugend》(詞:L. Krisdam)[10.7]

1951
- 歌曲《最後の審判　Weltgericht》(詞:Margarete Sedlar)[4.28]
- 歌曲《世界平和の歌　Weltfriedenslied》(作詞者不明)[5.10]
- 歌曲《平和の詩　Friedensgedicht》(詞:Gusti Pammer)[5.24]　注　タイトルの下に(Band demokratischer Frauen[民主的女性たちの同盟])と記されている。
- 《朝鮮の子供たち　メロドラマ　Die Kinder in Korea　Melodram》(詞:Eduard Fischer)[6月]　注　語りとピアノのための作品。
- 混声合唱付き独唱曲《人類の春　Menschheitsfrühling》(詞:Margarete Sedlar)[6月]

- 《F.Ö.J の汽車旅の歌　Fahrtenlied der F.Ö.J》(詞：Helmut Mauthner)［7.1］　注　ピアノ伴奏付き二部合唱曲。ベルリンにおける第3回世界青年祭典のために書かれた。F.Ö.J については未詳であるが、Freie Österreichische Jugend (自由なオーストリアの若者たち) の意であるかもしれない。
- 歌曲《闇ブローカー　Schieber》(詞：Rhedo)［9.20］
- 語りとピアノのための《進め、若者たちよ！　Jugend voran!》(詞：Eduard Fischer)［9.28］　注　翌1952年4月15日には管弦楽伴奏譜も書かれている。
- 《リンツのほら穴道　ピアノ伴奏付きの12の歌曲　Die Linzer Grottenbahn－12 Lieder mit Klavier》(挿絵：Rudolf Schüller、詞：F. Sahling)［9月］
- 《ブルゲンラントの小百姓の歌　Burgenländisches Kleinbauernlied》(作詞者不明)［9月］
- 歌曲《平和の歌　Friedenslied》(詞：Maria Hirsch)［10.20］
- 《輪になって、踊ろう Ringel, Ringel, Reigen》(詞：Paul Wiens)［11.7］
- 《ヨーゼフ・スーク　〈愛のシャンソン〉　作品7の1　独奏ヴァイオリンと弦楽オーケストラのために　Josef Suk　Chanson d'amour op 7/1 für Solo Violine und Streichorchester》　注　スークのピアノ曲を編曲したもの。
- 《アッシャッハ・アン・デア・シュタイアの夏　ツィターのための音画　Sommer in Aschach an der Steyr　Tonbild für Zither》［月日不明］　注　ウィーンの音楽出版社 Richard Grünwald より同社発行の月間楽譜雑誌“Notenblätter der Musenfreunde”1952年1月号において公刊された。

1952
- 語りとピアノのための《将軍様…　Herr General…》(詞：Eduard Fischer)［1.20］
- 歌曲《深紅の旗よ！　Purpurne Fahnen!》(詞：Margarete Sedlar)［1.20］
- 歌曲《3つの子供の詩 (平和の歌)　3 Kindergedichte (Friedenslieder)》(詞：Ernst Fischer)［3月］
- 《ノンポリの人たちに (シャンソン)　Den Unparteilichen (Chanson)》(詞：Jan Rainis)［4.5］
- 歌曲《大地はそれを耕す者の手に Der Boden dem, der ihn bebaut》(詞：R. Kurz)［5.7］
- 《ソプラノ、ヴァイオリン、ピアノのための〈不滅の犠牲〉(ロシア

の旋律〉 Unsterbliche Opfer（russische Melodie）für Sopran, Violine und Klavier》[9.20]

- 《3つのヴァイオリンのための〈3つの小品〉 Drei Stücke für 3 Violinen》[秋] 注 第2曲は1916年に作曲された《郷愁 Heimweh》を改訂したもの。
- 歌曲《新たな世界が生まれるのだ Es wird die neue Welt geboren》（詞：Ludwig Renn）[12.10]
- 《朝鮮 音楽付き朗唱 Cho-sen（Korea） Melodeklamation》（詞：Margarete Sedlar）[月日不明] 注 語り手とピアノのための作品。

1953
- 《4本のホルンとピアノのための〈レーニンの愛唱歌「私は人民と自由のために闘う」〉 Lenin's Lieblingslied "Ich kämpfe für das Volk und Freiheit" für 4 Hörner und Klavier》[1.11] 注 ロシアの旋律に和声付けしたもの。
- 《女声三部合唱、ソプラノ独唱、アルト独唱、弦楽オーケストラ、ティンパニ、オルガンのための〈ミサ曲ニ長調〉 Messe in D-dur für 3stimmigen Frauenchor, Sopran- und Altsolo, Streichorchester, Timpani und Orgel》[夏] 注 すでに1936年に始められていた作品で、ラスカの事実上のミサ曲第1番。
- 《男声四部合唱とオルガンのための〈3つのマリアの歌〉 3 Marien-Lieder für 4stimmigen Männerchor und Orgel》（作詞者不明）[8月]
- 歌曲《わが愛する故郷、ウィーンよ… Du Heimatstadt, mein liebes Wien …》（詞：Fr. Treuberg）[10.16]
- 《メゾソプラノとピアノのための〈あなたに与えられたものは…結局はよかったのです〉 Was dir auch beschieden … war am Ende gut für Mezzosopran und Klavier》（歌詞：Leopold Langhammer）[10.6]
- 歌曲《クリスマス・ツリーよ O Weihnachtsbaum》（歌詞：J. Kopper）[11.7]

1954
- 《青年のための組曲 ピアノのための9つの小品 Jugend-Suite 9 Stücke für Klavier》[3.13]
- 《ピアノのための〈メルヒェン組曲〉 Märchen-Suite für Klavier》[4月]
- 《バリトン（独唱）とオルガンのための〈聖母マリアの昇天（8月15日）に〉 In assumptione B. M. V（15. August）für Bariton（solo）und Orgel》[6月]
- 歌曲《年の市の摩訶不思議 Jahrmarktzauber》（詞：Wanka Hartig）

[6月]

- 男声四部合唱とオルガンのための《祈り(乙女、わが神の母) Gebet (Jungfrau, Mutter Gottes mein)》[7.10]
- 《バス(バリトン)独唱とオルガンのための〈入祭唱、昇階唱、奉献唱、聖体拝領唱〉 Introitus, Graduale, Offertorium, Communio für Bass (Bariton) Solo und Orgel》[9.27]
- 《二部合唱(女声および男声)、ソプラノ独唱、バリトン独唱、オーケストラ、オルガンのための〈ミサ曲　ニ短調〉 Messe in d Moll für 2stimmigen Chor (Frauen und Männerstimmen), 2 Soli (Sopran und Bariton), Orchester und Orgel》[10.26] 注　1948年段階の作品にオーケストレーションを施したもの。
- 四手ピアノのための〈イタリア組曲〉 Italienische Suite für Klavier vierhändig》[12.23]
- 歌曲《シェーンブルンの公園のあそこで　Da draussen im Park von Schönbrunn》(詞:Carlheinz Baum) 注　成立時期は不明だが、この年にAdolf Robitschek社より出版された。
- 混声四部合唱曲《テラスで Auf der Terrasse》(詞:Marta Grosse) 注　成立時期は不明だが、この年にAdolf Robitschek社より出版された。
- 混声四部合唱曲《夜　Nacht》(詞:Fr. Stieve) 注　成立時期は不明だが、この年にAdolf Robitschek社より出版された。

1955
- 男声合唱とピアノのための《歌人たちの1955年の旅によせて! Zur Sängerfahrt 1955!》[3.17]
- 《男声三部合唱のための〈2つの合唱曲〉 Zwei Chöre für 3stimmigen Männerchor》(詞:Johann Mayrhofer) [4.9/4.11]
- 混声合唱曲《オーストリア賛歌　Österreichische Hymne》(詞:Franz Theodor Csokor) [4.17] 注　混声合唱以外にも、さまざまな形態の編曲譜が作成されている。
- 《男声四部合唱と2つのF管ホルンのための〈2つの狩の合唱〉 2 Jagdchöre für 4stimmigen Männerchor und 2 F Hörner》(詞:Joh. val. Görner、Carl Michael Bellmann) [4月]
- ピアノ曲《変ホ長調の行進曲　Marsch in Es dur》[5.26]
- 歌曲《民謡:私の恋人の墓に花が咲いて　Volkslied: Es blüht auf meiner Liebsten Grab》(詞:Friedrich Kraissl) [7.30]
- 《男声四部合唱、テノール独唱、ピアノのための〈水車屋の美しい娘〉

Die schöne Müllerin für 4stimmigen Männerchor, Tenorsolo und Klavier》(詞：Wilhelm Müller)［夏］ 注 シューベルトの連作歌曲の編曲

- 《中音域の声とピアノのための〈古代バビロニアの母なる神に寄せる2つの祈り〉Zwei altbabylonische Gebete zur Mutter für mittlere Singstimme und Klavier》［8.6/8.9］
- 《混声四部合唱のための〈2つのバート・ハル合唱曲〉 2 Bad Haller Chöre für gemischten, 4stimmigen Chor und Klavier 》［ 10 月 ］ 注 1960年に改訂楽譜が書かれている。

1956 • 《フランツ・シューベルトの作品33 16のドイツ舞曲 四手ピアノへの編曲 Franz Schubert op. 33 16 Deutsche Tänze Bearbeitet für Klavier 4 händig》［2.3］

- 《男声四部合唱のための〈わが愛するザンクト・ファイト〉 Mein liebes St. Veit für 4stimmigen Männerchor》(詞：Hans Reiß)［3.29］ 注 「ザンクト・ファイト」はオーストリアの地名であるが、10個所ほどあり、この曲で歌われている町がどれであるかは不明。
- 男声四部合唱（とピアノ）のための《春への憧れ Sehnsucht nach dem Frühling》(詞：Christian Adolf Overbeck)［4月］
注 モーツァルトの歌曲の編曲
- 《ピアノのための25の舞曲 25 Tänze für Klavier》［6.12］
- 《ピアノアルバム（50のピアノ小品） Klavier-Album（50 Klavierstücke)》［5.8］
- 《独唱と弦楽五重奏のための〈愛についての詩〉Gedichte von der Liebe für Singstimme und Streichquintett》(詞：Anneliese Eulau)［9月］
- 《ブルックナーを偲んで Gedenken an Bruckner》(詞：Anna Zelenka)［10.24］ 注 混声五部合唱（1958年にAdolf Robitschek社より出版された）の他、ピアノ独奏曲としても書かれている。
- 《弦楽合奏とハープのための〈子供の組曲〉 Kinder-Suite für Streichorchester und Harfe》1）Wiegenlied（子守歌） 2）Schlummerlied（まどろみの歌） 3）Gebet（祈り）［12.1］ 注 45人分のオーケストラ・パート譜が残されており、その表紙に「handgeschrieben!（手で書かれた！）(1947年)」という文字が記されていることから、1947年8月に生まれたラスカの息子さんのために書かれた曲かと推定される。

- 歌曲《地には平和あれ！　Friede sei auf der Erde!》（詞：Charlotte Walinski-Heller）［1956年クリスマス］

1957
- 《君が行くところに…　Wo du hingehst …》（作詞者不明）［1月］
注　Eugen Hildach（未詳）の曲をソプラノ、アルト、オルガンのために編曲したもの。
- 《ヨハン・ルードルフ・ツムシュテーク　6つの歌曲　Johann Rudolph Zumsteeg 6 Gesänge》［2.21-23］ 注　ツムシュテークの歌曲に新たなピアノ伴奏を付けたもの。
- 無伴奏混声四部合唱曲《我がオーバーエスターライヒ Mei Oberösterreich》（詞：Rudolf Neußl）［8.16］
- 歌曲《クリスマスの歌　Weihnachtslied》（作詞者不明）［12.1］
- 《無伴奏混声四部合唱のための〈我が祖国〉Mein Heimatland für 4stimmigen gemischten Chor (a capella)》（詞：Theodor Maria Vogel）
注　翌年8月に Adolf Robitschek 社より出版された。

1958
- 歌曲《お母さんの歌　Mutterlieder》（詞：P. Rosegger, Max Meck, Fr. Halm）注　3曲からなり、妻エレンのために1956年から毎年1曲ずつ、5月の母の日によせて作曲された。［1956.5.12/1957.5.12/1958.5.9］
- 《アンナ・ツェレンカ（シュタイア）の詞によるソプラノ独唱とピアノのための3つの歌曲　3 Lieder für Sopran und Klavier auf Worte von Anna Zelenka（Steyr）》［6月］ 注　歌詞はオーバーエスターライヒの方言で書かれている。

1959
- 《男声四部合唱のための〈シュタイア〉　Steyr für 4stimmigen Männerchor》（詞：Anna Zelenka）［6.4］
- 《ピアノのための〈ゼーベンシュタインのメヌエット〉　Seebensteiner Menuett für Klavier》［7月］
- 歌曲《辻馬車の馬 Fiakerpferde》（詞：Kilian）［10.19］
- 《M. Th. パラディースの12の歌曲　12 Lieder von M. Th. Paradis》［11.7］ 注　ウィーンの女性作曲家パラディース（Maria Theresia Paradis, 1759-1824）の生誕200年を記念して、1786年にライプツィヒのブライトコップ社から出版された彼女の12の歌曲を編曲したもの。
- 歌曲《そしてどこにも故郷はない…　Und nirgendwo daheim …》［12.14］

1960
- 歌曲《明るい道の傍らで　Am Rande des hellen Weges》［1.10］
- 《ソプラノ、フルート、ピアノのための〈7つの俳句〉　Sieben Haiku

für Sopran, Flöte und Klavier》［5月］ 注 曲目詳細は本文154頁参照。

- ピアノ曲《バート・ハル行進曲 Bad Haller-Marsch》［7.30］
  注 翌1961年夏には管弦楽用総譜が作成された。

1961
- 歌曲《クリスマス Weihnacht》（歌詞：Hanns Gottschalk）［2.6］
- 《ピアノのための〈舞曲（自由なワルツ）〉 Tanzstück（freier Walzer）für Klavier》［8.22］
- 混声四部合唱曲《ブルゲンラント讃歌 Burgenland-Hymne》（歌詞：R. Zechmeister）［10月］
- 《語り手とピアノのための〈モレク〉 Moloch für Sprecher und Klavier》（詞：Fritz Bachtrögler）［10月］ 注 モレクとは聖書のレビ記18章21節他に記されているセム人の偶像神のこと。子供が犠牲にささげられた。本作品では現代の技術社会が人間にもたらす害を訴えている。
- 《語り手とピアノのための〈原子雲の下で…〉 Unter dem Atomhimmel … für Sprecher und Klavier》（詞：Rudolf Felmayer）［10月］

1962
- 《オーストリアの若者たちへ！ Ruf an Österreichs Jugend!》（詞：Wilhelm Harant）ピアノ伴奏付き独唱［5月］と無伴奏混声四部合唱［6月］ 注 1963年にウィーン動物愛護出版会より出版された楽譜に「1963年10月4日、ウィーンのコンツェルトハウスにて開催された世界動物愛護祭の折に、少年合唱団「ヴィーナー・シュパッツェン」によって初演された」と記されている。

E：成立時期不明の作品（順不同）

- 歌曲《町はずれでの別れ Abschied in der Vorstadt》（作詞者不明）
- 歌曲《お母さんに An die Mutter》（詞：K.M.Kisler）
- 歌曲《奇蹟 ウィーンの古い歌 A Wunder Alt-Wienerlied》（詞：Philipp Jakob Formann）
- 歌曲《色とりどりの輪舞 Ein bunter Reigen》（詞：Fred Braun/Hans Schober） 注 I. Ungarin/II. Spanierin/III. Wienerin/IV. Mondaineの4曲からなるが、歌詞が記入されているのは第1曲のみ。
- 《独唱声部と混声合唱と大管弦楽のための〈平和の讃歌〉 Eine Friedenshymne für Sologesangstimme, gemischten Chor und großes Orchester》（詞：Theodor Germer）
- 《若者たちの平和の歌 Friedenslied der Jugend》（詞：Helmut Mauthner）
  注 自筆譜の他に、出版譜もあり、“3 Friedenslieder aus Österreich” と題

された、3人の作曲家たちによる歌曲集に第1曲として収録されている。ただし、出版社、成立時期等は不明。独唱曲であるが、アドリブとして、合唱のパートも記されている。

- 《4つの歌曲　4 Lieder》(作詞者不明)
- 混声合唱曲《おお、ペストリング、国の宝よ　O Pöstling, du Landeshort》(詞：H. v. Gilm)
- 歌曲《おしゃべりのひととき　Plauderstündchen》(詞：Manka Hartig)
- 混声四部合唱曲《4つのロシア民謡　4 Russische Volkslieder》1) Stand ein Birkenbaum (野に立つ白樺)　2) Sonne wandert auf u. nieder (陽は昇り、また沈む)　3) An dem Strom der Mutter Wolga (母なるボルガを下りて)　4) Dicht am Flüßchen an der Brücke (小川のそばに、橋のたもとに)　注　全4曲について、2台ピアノ用ヴァージョンも残されている。
- 《シューベルト・オペラアリア (今までピアノ伴奏の形では出版されていなかったもの)　第1集 (1-4)　Fr. Schubert: Opernarien (bisher im Klavierauszug unveröffentlicht) I. Heft (1-4)》
- 《シューベルト・オペラアリア (今までピアノ伴奏の形では出版されていなかったもの)　第2集 (5-10)　Fr. Schubert: Opernarien (bisher im Klavierauszug unveröffentlicht) II. Heft (5-10)》
- 《シューベルト・オペラアリア (今までピアノ伴奏の形では出版されていなかったもの)　第3集 (10 [続き] -12)　Fr. Schubert: Opernarien (bisher im Klavierauszug unveröffentlicht) III. Heft (10 [Fortsetzung] -12)》
- 混声合唱曲《さすらい人よ、その眼差しで飲み干せ　Trinkt o Wandreraugen》(詞：Edward Samhaber)

根岸　一美（ねぎし・かずみ）

1946年埼玉県生まれ。1975年、東京大学大学院人文科学研究科博士課程中退。大阪音楽大学専任講師、大阪教育大学助教授、同教授、大阪大学文学部教授、同大学院文学研究科教授を経て、2010年-2015年まで同志社大学文学部任期付教授、大阪大学名誉教授。1982-84年、アレクサンダー・フォン・フンボルト財団研究員としてドイツ連邦共和国（ハイデルベルク大学）に留学。

著書：『作曲家◎人と作品　ブルックナー』（音楽之友社、2006年）、共監著：『ブルックナー／マーラー事典』（東京書籍、1993年）、『音楽学を学ぶ人のために』（世界思想社、2001年）、訳書：ヴァルター＆ガブリエーレ・ザルメン『音楽家409人の肖像画③』（音楽之友社、1988年）、ヴォルフガング・ザイフェルト『ギュンター・ヴァント』（音楽之友社、2002年）など。毎日新聞、*Classic Note*（旧：関西音楽新聞）などに音楽評の寄稿も行っている。

阪大リーブル38

［増補版］ヨーゼフ・ラスカと宝塚交響楽団

発行日　2012年11月14日　初版第１刷　〔検印廃止〕
　　　　2024年３月29日　増補版第１刷

著　者　根岸一美

発行所　大阪大学出版会
　　　　代表者　三成賢次
　　　　〒565-0871
　　　　大阪府吹田市山田丘2-7　大阪大学ウエストフロント
　　　　電話：06-6877-1614（直通）　FAX：06-6877-1617
　　　　URL　https://www.osaka-up.or.jp

印刷・製本　株式会社 遊文舎

ISBN 978-4-87259-647-2　C1373

阪大リーブル

番号	書名	副題	著者	定価
001	ピアノはいつピアノになったか？	（付録ＣＤ「歴史的ピアノの音」）	伊東信宏 編	本体1700円+税
002	日本文学　二重の顔	〈成る〉ことの詩学へ	荒木浩 著	本体2000円+税
003	超高齢社会は高齢者が支える	年齢差別《エイジズム》を超えて創造的老い《プロダクティブエイジング》へ	藤田綾子 著	本体1600円+税
004	ドイツ文化史への招待	芸術と社会のあいだ	三谷研爾 編	本体2000円+税
005	猫に紅茶を	生活に刻まれたオーストラリアの歴史	藤川隆男 著	本体1700円+税
006	失われた風景を求めて	災害と復興、そして景観	鳴海邦碩・小浦久子 著	本体1800円+税
007	医学がヒーローであった頃	ポリオとの闘いにみるアメリカと日本	小野啓郎 著	本体1700円+税
008	歴史学のフロンティア	地域から問い直す国民国家史観	秋田茂・桃木至朗 編	本体2000円+税
009	懐徳堂　墨の道　印の宇宙	懐徳堂の美と学問	湯浅邦弘 著	本体1700円+税
010	ロシア　祈りの大地		津久井定雄・有宗昌子 編	本体2100円+税
011	懐徳堂　江戸時代の親孝行		湯浅邦弘 編著	本体1800円+税
012	能苑逍遥(上)　世阿弥を歩く		天野文雄 著	本体2100円+税
013	わかる歴史・面白い歴史・役に立つ歴史	歴史学と歴史教育の再生をめざして	桃木至朗 著	本体2000円+税
014	芸術と福祉	アーティストとしての人間	藤田治彦 編	本体2200円+税
015	主婦になったパリのブルジョワ女性たち	一〇〇年前の新聞・雑誌から読み解く	松田祐子 著	本体2100円+税
016	医療技術と器具の社会史	聴診器と顕微鏡をめぐる文化	山中浩司 著	本体2200円+税
017	能苑逍遥(中)　能という演劇を歩く		天野文雄 著	本体2100円+税
018	太陽光が育くむ地球のエネルギー	光合成から光発電へ	濱川圭弘・太和田善久 編著	本体1600円+税
019	能苑逍遥(下)　能の歴史を歩く		天野文雄 著	本体2100円+税
020	懐徳堂　市民大学の誕生	大坂学問所懐徳堂の再興	竹田健二 著	本体2000円+税
021	古代語の謎を解く		蜂矢真郷 著	本体2300円+税
022	地球人として誇れる日本をめざして	日米関係からの洞察と提言	松田武 著	本体1800円+税
023	フランス表象文化史	美のモニュメント	和田章男 著	本体2000円+税
024	懐徳堂　漢学と洋学	伝統と新知識のはざまで	岸田知子 著	本体1700円+税
025	ベルリン・歴史の旅	都市空間に刻まれた変容の歴史	平田達治 著	本体2200円+税
026	下痢、ストレスは腸にくる		石蔵文信 著	本体1300円+税
027	くすりの話	セルフメディケーションのための	那須正夫 著	本体1100円+税
028	格差をこえる学校づくり	関西の挑戦	志水宏吉 編	本体2000円+税
029	リン資源枯渇危機とはなにか	リンはいのちの元素	大竹久夫 編著	本体1700円+税
030	実況《ライブ》・料理生物学		小倉明彦 著	本体1700円+税

031 **夫 源 病**
こんなアタシに誰がした
石蔵文信 著
定価 本体1300円+税

032 **ああ、誰がシャガールを理解したでしょうか？**
二つの世界間を生き延びたイディッシュ文化の末裔
圀府寺司 編著 CD付
定価 本体2000円+税

033 **懐徳堂 懐徳堂ゆかりの絵画**
奥平俊六 編著
定価 本体2000円+税

034 **試練と成熟**
自己変容の哲学
中岡成文 著
定価 本体1900円+税

035 **ひとり親家庭を支援するために**
その現実から支援策を学ぶ
神原文子 編著
定価 本体1900円+税

036 **知財インテリジェンス**
知識経済社会を生き抜く基本教養
玉井誠一郎 著
定価 本体2000円+税

037 **幕末鼓笛隊**
土着化する西洋音楽
奥中康人 著
定価 本体1900円+税

038 ［増補版］**ヨーゼフ・ラスカと宝塚交響楽団**
（付録CD「ヨーゼフ・ラスカの音楽」）根岸一美 著
定価 本体2200円+税

039 **上田秋成**
絆としての文芸
飯倉洋一 著
定価 本体2000円+税

040 **フランス児童文学のファンタジー**
石澤小枝子・高岡厚子・竹田順子 著
定価 本体2200円+税

041 **東アジア新世紀**
リゾーム型システムの生成
河森正人 著
定価 本体1900円+税

042 **芸術と脳**
絵画と文学、時間と空間の脳科学
近藤寿人 編
定価 本体2200円+税

043 **グローバル社会のコミュニティ防災**
多文化共生のさきに
吉富志津代 著
定価 本体1700円+税

044 **グローバルヒストリーと帝国**
秋田茂・桃木至朗 編
定価 本体2100円+税

045 **屏風をひらくとき**
どこからでも読める日本絵画史入門
奥平俊六 著
定価 本体2100円+税

046 **アメリカ文化のサプリメント**
多面国家のイメージと現実
森岡裕一 著
定価 本体2100円+税

047 **ヘラクレスは繰り返し現われる**
夢と不安のギリシア神話
内田次信 著
定価 本体1800円+税

048 **アーカイブ・ボランティア**
国内の被災地で、そして海外の難民資料を
大西愛 編
定価 本体1700円+税

049 **サッカーボールひとつで社会を変える**
スポーツを通じた社会開発の現場から
岡田千あき 著
定価 本体2000円+税

050 **女たちの満洲**
多民族空間を生きて
生田美智子 編
定価 本体2100円+税

051 **隕石でわかる宇宙惑星科学**
松田准一 著
定価 本体1600円+税

052 **むかしの家に学ぶ**
登録文化財からの発信
畑田耕一 編著
定価 本体1600円+税

053 **奇想天外だから史実**
天神伝承を読み解く
髙島幸次 著
定価 本体1800円+税

054 **とまどう男たち―生き方編**
伊藤公雄・山中浩司 編著
定価 本体1600円+税

055 **とまどう男たち―死に方編**
大村英昭・山中浩司 編著
定価 本体1500円+税

056 **グローバルヒストリーと戦争**
秋田茂・桃木至朗 編著
定価 本体2300円+税

057 **世阿弥を学び、世阿弥に学ぶ**
大槻文藏監修 天野文雄 編集
定価 本体2300円+税

058 **古代語の謎を解く Ⅱ**
蜂矢真郷 著
定価 本体2100円+税

059 **地震・火山や生物でわかる地球の科学**
松田准一 著
定価 本体1600円+税

060 **こう読めば面白い！ フランス流日本文学**
―子規から太宰まで―
柏木隆雄 著
定価 本体2100円+税

061 **歯周病なんか怖くない**
歯学部教授が書いたやさしい歯と歯ぐきの本
村上伸也 編
定価 本体1300円+税

062 **みんなの体をまもる免疫学のはなし**
対話で学ぶ役立つ講義
坂野上淳 著
定価 本体1600円+税

063 **フランスの歌いつがれる子ども歌**
石澤小枝子・高岡厚子・竹田順子 著
定価 本体1800円+税

064 **黄砂の越境マネジメント**
黄土・植林・援助を問いなおす
深尾葉子 著
定価 本体2300円+税

065 **古墳時代に魅せられて**
都出比呂志 著
定価 本体1700円+税

066 **「羅生門」の世界と芥川文学**
清水康次 著
定価 本体2000円+税

067 **心と身体のあいだ**
ユング派の類心的イマジネーションが開く視界《ヴィジョン》
老松克博 著
定価 本体1900円+税

068 **日本を彩る香りの記憶**
内野 花 著
定価 本体1600円+税

069 **ほんとうのトコロ、認知症ってなに?**
山川みやえ・土岐 博・佐藤眞一 著
定価 本体1600円+税

070 **公文書をアーカイブする**
事実は記録されている
小川千代子・菅真城・大西愛 編著
定価 本体1800円+税

071 **小説家、織田作之助**
斎藤理生 著
定価 本体2300円+税

072 **グローバルヒストリーから考える新しい大学歴史教育**
日本史と世界史のあいだで
秋田茂・桃木至朗 編著
定価 本体2300円+税

073 **スポーツで蒔く平和の種**
紛争・難民・平和構築
岡田千あき 編著
定価 本体1800円+税

074 **漢方がみちびく心と体のレジリエンス(回復力)**
萩原圭祐 著
定価 本体1600円+税

075 **東日本大震災と災害ボランティア**
渥美公秀・貫牛利一 編
定価 本体2200円+税

076 **アーカイブズとアーキビスト**
大阪大学アーカイブズ 編
定価 本体1900円+税

077 **コロナ禍の声を聞く**
大学生とオーラルヒストリーの出会い
安岡健一 監修/大阪大学日本学専修「コロナと大学」プロジェクト 編
定価 本体2000円+税

(四六判並製カバー装。定価は本体価格+税。以下続刊)